中国传统

造物观

董明利 · 著

江西高校出版社

JIANGXI UNIVERSITIES AND COLLEGES PRESS

图书在版编目（ＣＩＰ）数据

中国传统造物观/董明利著.--南昌:江西高校出版社,2021.12（2022.3重印）

ISBN 978-7-5762-2197-8

Ⅰ.①中…　Ⅱ.①董…　Ⅲ.①古器物—研究—中国　Ⅳ.①K875.04

中国版本图书馆 CIP 数据核字（2021）第 217283 号

出 版 发 行	江西高校出版社
社　　　址	江西省南昌市洪都北大道96号
总编室电话	(0791)88504319
销 售 电 话	(0791)88522516
网　　　址	www.juacp.com
印　　　刷	天津画中画印刷有限公司
经　　　销	全国新华书店
开　　　本	700mm×1000mm　1/16
印　　　张	11.5
字　　　数	160 千字
版　　　次	2021 年 12 月第 1 版
	2022 年 3 月第 2 次印刷
书　　　号	ISBN 978-7-5762-2197-8
定　　　价	68.00 元

赣版权登字 -07-2021-1456

前　　言

造物观是器物与文化结合的产物,在某一时期、某一区域,成熟的文化体系,特别是上层社会主导的文化体系深刻影响着这一时期和区域造物者的审美观、价值观、人生观、世界观,进而决定着这一时期和区域器物的造型、工艺、审美特质。概言之,文化统领下的造物就是造物观。中华民族有独立的历史发展空间和未间断的历史延续,拥有自给自足的文化生态系统,给世界贡献了"东方文明"这一辉煌文化体系。翻开浩瀚的中国历史,你会发现,中华民族既是有文化的民族,又是善于文化造物的民族。从上古的石器、骨器、玉器、陶器到夏商周时期的青铜器,从秦汉时期的秦砖汉瓦、大型雕塑群到三国两晋南北朝时期的大型雕塑群、青瓷,从隋唐五代时期的恢宏巨大的宫殿陵墓、光彩耀目的唐三彩到宋元时期的精美瓷器、草原民族的金银器,从明朝的各类精湛工艺品、辉煌的故宫到清朝中前期的手工艺品巅峰、种种辉煌巨制,都彰显着中华民族造物文化的独特魅力。要认清中国传统造物观的历史脉络,解读方法很重要,历史分期是一种方法,以器物与文化相结合的特征为划分依据的分类是一种方法。现在就这两种维度进行概述性阐述。

一、历史分期下各阶段的造物观

历史分期就是按照中国古代朝代更迭的顺序进行分期,但是历史的特点是,越久远则存世的可依靠资料就越少,越久远则时间跨度就越长。同时,在战乱分裂阶段,很多地方政权并存,有的存续时间短,影响力有限。在充分考虑这些特殊因素的基础上,历史分期没有严格按照时间进行划分,而是进行了一定的合并。从造物角度看,有十个历史时期:上古至夏时期、殷商时期、西周时期、春秋战国时期、秦汉时期、三国两晋南北朝时期、隋唐五代时期、宋元时期、明代时期、清中前期。

上古至夏时期的造物观。上古至夏时期是传统造物观的起步阶段,这一时期尚未形成中国传统文化的主流价值,先民与自然进行搏斗,为生活而拼搏。社会中,蒙昧与占卜共存,仪式与巫术并行,神话与图腾同源。经过上古时期漫长的发展,至夏时,上古文化呈现出强烈的氏族观念和蒙昧开化特征。把上古延续至夏朝作为一个分期进行叙述,是基于它们均处于"文字记载社会万象"之前和血缘氏族的一贯性与延续性。这一时期的造物观特点是:在漫长的上古时期,人们造物基本遵循"服务于生计";而在迈向文明时期出现了"服务于权力集中"的造物观。

殷商时期的造物观。殷商文明其实是王权贵族阶层的生活写照,法国人谢和耐(Jacques Gernet)曾把其称为宫廷文明时期。殷商时期,商王是万国之王,是所有贵族阶层的总领袖,他集祭祀、作战、政治、仪式、经济等大权于一身。商王要不断强化自己的领导地位,还要维护王权贵族阶层的特权,以巩固商王统领下的特权阶层统治。商代统治者笃信天命,通过祭祀仪式强化王权。殷商这一特质对其造物观产生了决定性影响,其造物观特点是:通过夯筑"重大事件威严性"来强化王权的造物观。

西周时期的造物观。周人崛起于渭上,以蕞尔小邦替代大邑商。与殷商王权至上和族权三足鼎立的社会结构不同,周代依靠分封制和宗族制建构起严格的等级社会。由商及周,极大地促进了诸侯国统治模式的大变革,即由商代主轴统治模式向周代共同体模式的转变。殷周政治文化巨变对造物观带来巨大冲击。这一时期造物观的特点是:"以德配天"的天命造物观、"伦理考量"的德性造物观和"礼乐秩序"的等级造物观。

春秋战国时期的造物观。春秋战国时期,周王室控制力基本丧失,诸侯并起。急剧的社会变革引发社会贤士集体大思考,"诸子百家""百家争鸣"促进了华夏理性文化思潮兴盛。与之前三代"天至上"思想不同,春秋战国时期,"人"被重视,正所谓"天道远,人道迩",一远一近,可见端倪。春秋战国时期,列国争霸、四处动荡,人本思想、理性思维、社会转型、技术进步成为这一时期的显著特点,在造物观上呈现出多种文化圈各领风骚且相互交织的繁盛局面。在总体造物观方面,相比之前三代,春秋战国时期逐渐抛弃了神秘、原始、蒙昧的主基调,打开了华夏民族的写实、成熟、人本的造物之路。这一时期造物观特点是:实现了中华造物观上的重要转向,"人本主义得以弘扬";同时,诸侯间的求存图强,客观上促成了造物"百花齐放"。

秦汉时期的造物观。秦汉时期,聚拢人心、加强中央集权、维护大一统是君王所思虑的大事件,内部要谨防地方势力对中央权力的威胁,外部要抵御匈奴的侵袭与骚扰。"维护大一统"是秦汉所有问题的根源,秦汉造物也要服务于此。相比先秦,其最大进步是"高扬人的现实生活"。与秦代统治者追求"永生"的造物理念不同,汉朝"成教化、助风俗",在社会上刮起了"恶以诚世、善以示后"的伦理造物观之风。这一时期造物观的特点是：秦代呈现出明显的文化专制主义造物观，汉代则是"儒家与道家二元对立与融合"造物观。

三国两晋南北朝时期的造物观。纵观三国两晋南北朝，最大的社会现实是"无尽的天灾人祸"，这深刻影响到这一时期的造物观，最突出的表现就是彰显"人文关怀和精神寄托"的造物倾向。美好期待、吉祥寓意甚至外来佛教都成为这一造物倾向的载体。当然，三国两晋南北朝是一个多变繁杂的造物时代，三国与两晋、南朝与北朝存在一定差异，以至于很难找到一个代表各方的造物观，又似乎感觉彰显"人文关怀和精神寄托"的造物倾向是主线，因此这一时期造物观特点可归结为：延续汉代且寻求多元变革的三国西晋造物观，人文关怀造物倾向和胡汉杂糅的十六国北朝造物观，魏晋风骨为主与外来元素为辅的东晋南朝造物观。

隋唐五代时期的造物观。隋唐五代造物观上的革新与演化得益于繁盛的社会现实和宽容的文化政策。隋唐五代时期在儒学正统的基础上，对外来文化采取宽容政策，佛家通过中国化、道家通过义理化而获得长足发展，少数民族文化、边疆文化和外域文化在中原地区开枝散叶。隋唐五代统治者向世人展示了三个重要的道理：越强大就越开放，越鼎盛就越包容，越统一就越自信。总体而言，隋唐五代造物观以博大清新、恢宏磅礴、富丽堂皇、华丽丰满和自由奔放而著称。这一时期造物观特点是：追求"精神满足"的形上造物观，彰显"繁华盛世"的王朝造物观，体现"开放包容"的多元造物观。

宋元时期的造物观。宋代社会"以文治国",社会富足,贸易兴盛。两宋传承和弘扬了中华造物观的主脉络,与隋唐五代相比,两宋时期造物去除了雍容华贵之气,转向了幽雅尊贵;去除了宏大磅礴的开阔之势,转向了极简求理的严谨含蓄之意。辽西夏金元发迹于辽阔的北方地区,属于游牧文化,在隋唐五代时期属于最靠近中原文化的"胡文化圈"。雄心勃勃的少数民族领袖发奋图强,对于统一天下而言,"武略"更重要、更有效且更符合游牧文化精神内核,所以相比较两宋崇文而儒雅的社会气质,辽西夏金元则去除了舞文弄墨的儒雅之气,采取强悍英武的尚武精神,去除了追求简约素雅的理学精神,而采取粗犷豪放的刚劲之质。这一时期造物观的特点是:两宋"极简求理"的儒雅造物观与造物中的都市文化并存,辽西夏金元则呈现"粗犷豪放"的刚劲造物观。

明代时期的造物观。明朝社会发展经历了前后两个对比明显的历史时期,明前期是君主专制中央集权十分突出的时期,社会保守沉寂,而明中后期则在皇权旁落和商品经济发展下出现与前期截然不同的社会风尚。明前期不断强化君主专制让社会造物观都指向权力中心,以服务于"权力至上"为出发点去思考造物的合理性与社会趋向。明中期在生产力发展下,外加中央集权对社会控制的弱化,商业发展推动社会风尚转型,市井再次引领社会,促成明中后期在"锱铢共竞"时代的服务于市井奢靡生活的造物观。这一时期的造物观特点是:前期中央集权加强下呈现"权力至上"造物,中后期锱铢共竞时代呈现"市井奢靡"造物观。

清中前期的造物观。清中前期在造物技术上达到了手工业造物的最高峰,在工艺造物上登峰造极,同时在造物美学境界、现代工业造物等方面缺乏源动力,处于落后状态。清中前期是中国古代社会传统造物观的集大成时期,也是总结阶段。清后期则急速进入世界工业文明的造物话语体系之中,造物观出现了迷茫、混乱、求变、适应等特征,此时的造物观已经脱离"中国传统"语境而进入"近现代中国"语境。而清中前期造物观的特点是:技术造物游刃有余,创造了手工业造物时代的顶峰水平,以大型园林为代表的景观造物坚持"中体西用",塑造了世界文明融合的造物典范。

二、器物与文化结合的不同时代造物观

依据"器物反映出的文化特质与文化演变的历史现实"这一维度,突破了史学界普遍认同的历史阶段划分结论,从器物与文化发展演变本身出发,传统造物观可以划分为四个阶段:观象制器(上古夏商时期)、纳礼于器(两周秦汉时期)、器以载道(隋唐宋元时期)、道器合一(明清时期)。

观象制器:上古夏商时期器物中的造物观。观象制器语出《周易·系辞传上》"以制器者尚其象",从上古夏商时期器物代表人面鱼纹盆、日用陶器、青铜立人像、司母戊大方鼎、大玉琮看,"象分为三":自然之象、社会之象、意识之象,"观而取象"之万物有灵、人人通天、图腾崇拜、巫觋通天、通灵巫术、祭天祀鬼、巫权合一观念,后具象而成器,是为制器尚象。从上古夏商时期出土的众多器物中可以看出,上古先民在造物时基本沿着"观象—取象—造物"的认知过程进行制器,在"取象—造物"的认知

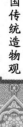

中国传统造物观

过程中融入"意象—具象—成器"的创造过程。

纳礼于器：两周秦汉时期器物中的造物观。礼制是周灭商后兴起的政治制度，它建立在分封制、世袭制和等级制基础之上。森严的等级制度影响到了周代及以后封建王朝的器物工艺和设计的造物观。秦汉时期，先秦诸子百家争鸣现象终归于儒家，董仲舒提出"罢黜百家，独尊儒术"，扶正儒家学说成为官学，道教和外来的佛教在民间得以生根发芽。从两周的礼乐制度，经历春秋战国的洗礼，至秦汉时期的"成教化、助风俗"，已经充分证明两周秦汉时期纳礼于器的造物观形成。

器以载道：隋唐宋元时期器物中的造物观。隋唐是中国封建社会鼎盛时期，唐政府采取开放包容的对外政策，在文化上支持儒道佛共同发展，从而促成了三家合流的格局，中华文化形成以儒家为主体、道佛为补充的文化特质。宋元时期，朱熹、张载、程颐、程颢、陆九渊等哲学家对儒家文化进行了形而上的探究，充分吸收了道佛思想，促进传统文化对"道"的哲学思辨探究并取得"理学"成就。隋唐以来科举开考，儒家经典成为官学，在政治和功名引导下，儒家学说深入社会各个领域，至宋元时已经形成儒家文化统领社会生活的局面，促使造物领域器以载道的形成。隋唐宋元时期，文化流变趋于稳定，大儒的形而上探求充分吸收道佛思想，在器物文化领域则表现出儒道佛三家文化影响下的造物观。

道器合一：明清时期器物中的造物观。明清时期，稳定而大一统的社会环境造就了天朝大国的优越感，朝贡贸易下的器物外销，同时把中华文化也传向西方。王阳明心学开启了儒家文化的另一扇哲学之门，连同朱熹的理学一起撑起了传统文化的脊梁。文化自信下的造物观达到"道器合一"境界，传统文化已经转化为造物者的价值理念和思维方式，器物文化已经具备传承意义上的基因效应。明清时期的器物精品多、数量大，器物在文化上追求儒道佛的经典哲思和伦理道德，在器物上表达儒道佛思想精髓，二者相得益彰，完美融合。明代宋应星的《天工开物》被誉为"中国 17 世纪的工艺百科全书"，就是这一时期道器合一下器物繁荣的表现。

概言之，中国传统造物观是中国传统文化的瑰宝，正是辉煌的历史和灿烂的文化才创造了丰富多彩的造物精品。中国传统造物观蕴含了中华民族的审美取向、哲学理路、技术水平和文化特质。中国传统造物观的历史是清晰的，内涵是丰富的，范式是独立的，传承是延续的。

目录

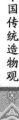

第一章　上古至夏时期的造物观

上古至夏时期是传统造物观的起步阶段,这一时期尚未形成中国传统文化的主流价值,先民与自然进行搏斗,为生活而拼搏。社会中蒙昧与占卜共存,仪式与巫术并行,神话与图腾关联,神权政治与杀殉祭祀同在,经过上古时期漫长的发展,至夏时上古文化呈现出强烈的氏族观念和蒙昧开化特征。把上古延续至夏朝作为一个分期进行叙述,是基于它们均处于"文字记载社会万象"之前和宗教、氏族的一贯性与延续性。

第一节　基本遵循"服务于生计"的上古造物观

上古时期是指我国祖先从古代类人猿、直立人、早期智人、晚期智人,逐步开启了旧石器时代、新石器时代,再从原始社会的野蛮状态进入到夏朝之前的这段历史时期。原始蒙昧和拼搏求存是上古时期的总体特质。人类出现,工具起到标志性作用,当先民有意识地对大自然的石器进行改造和打磨,就开启了人类之旅,也开启了造物之路,有意或无意的造物想法在万千上古先民中闪耀。在农业、畜牧业和烧陶业出现之前,石器、骨器和木器共同支撑起了旧石器时代的造物内容。新石器时代,石器仍然是主角,不过石器制造开始精细化地磨制。新石器时代的造物内容逐渐丰富起来,一改旧石器时代简单粗糙的特点,开始制造比较实用的精致石器、用途广泛的骨角生活用器、火与黏土融合的陶器、做工精细的玉器和比较复杂的居住房屋等。但是不论旧石器时代还是新石器时代,上古先民在造物过程中,整体的造物趋向是比较一致的,那就是基本遵循"服务于生计"。

一、旧石器时代:原始造物思维在"拼搏求存"中闪光

上古先民从自然中脱颖而出,过着集体狩猎、采集果实的茹毛饮血的生活,对大自然最常见的石块、木棒进行人为加工,打制粗糙的石器和木器,解决生活所需,与大自然进行着顽强斗争。"正是在这种征服自然、改造自然的斗争中,他们逐渐掌握了加工石器的技术,能够打制出有一定形状而又适用的生产工具。"①在与自然斗争和寻求种群生存的过程中,人类开启了造物之路。目前已出土的中华先民的打制石器最早来自距今 180 万年左右的西侯度。1958 年在北京房山周口店发现的"北京人",已经学会制造石器和火。在出土的几万件石器中,我们发现"北京人"开始制造石砧、石锥、石球、石锤、砍砸器等。其中,用于刮削木棒、切割动物皮肉的刮削器,其刃口非常锐利,人为打磨和加工的痕迹明显。而同时出土的动物骨骼化石证明了"北京人"广泛进行狩猎活动,狩猎对象以肿骨大角鹿为多。使用火烤肉时,锋利的石器也是必不可少的工具。1973 年河北阳原侯家窑遗址出土了一千余件石球(如图 1),按其重量分为大、中、小三类,大的在 3 至 5 斤,中等的在 1 至 3 斤,小的在 1 斤以下,与其同时大量出土的野马骨骼化石说明了这些石球的用途——用于狩猎时抛掷击打逃跑的野马。据一些研究者猜测,这些石球可与用植物纤维和兽皮制造的绳索一起使用,制成飞索石,有效射程可达 50 米。

图 1　旧石器时代侯家窑遗址出土的石球

① 史仲文,胡晓林. 中国全史:艺术卷[M].北京:中国书籍出版社,2011:3.

在与自然界搏斗过程中,上古先民对水中畅游的鱼和奔跑能力强的鹿、牛、羊等动物进行捕猎,进化了"生存能力",制造出石镞、骨鱼镖、投矛器等更有效的捕猎工具。石镞就是早期弓箭的箭头,它在制造之初就要考虑锋利性和大小尺寸以适合射箭需求,在造物过程中,同时还要考虑底部安装箭杆的设计需求,要以实际用途的有效性为主要考虑因素,或有凹字形状或有扁平薄柄。1963年山西峙峪遗址出土的石镞,就是中国旧石器晚期的一个例证。骨鱼镖是捕鱼工具,1983年在辽宁海城小孤山遗址出土了一件比较完整的鱼骨镖,这件鱼骨镖的头部呈现扁锥体形状,主干呈现棱柱体形状且在两侧各有一个或两个倒钩,根部削薄,整件鱼骨镖造物设计比较实用和巧妙,是在长期捕鱼过程中磨砺出的实用工具。伴随捕猎获取的动物骨数量增加,骨器的制造和用途得以提升,其中骨针是一个代表,它最大的用途是缝制兽皮成衣,以抵御严寒。同样在辽宁海城小孤山遗址中出土了3枚保存完整的骨针,骨针的针孔圆滑,针身平直,是穿针引线的良器。

当然,在旧石器时代,上古先民为了生计制造了大量的工具,原始造物思维在与自然界"拼搏求存"中得以闪光。一些石器、骨器不仅实用,也包含了有意或无意的造物思考,存在"实用性之外的考究"。这种考究直接体现在古朴的装饰品造物过程中,装饰品已经超越了服务于生计的范畴,走向了艺术和宗教之路,而这条路更能够反映上古先民的造物思维。1930年北京周口店发现的山顶洞人遗址中,出土的装饰品占据一定数量,包括钻孔石珠、穿孔鱼骨、穿孔动物牙齿、穿孔海蚶壳、穿孔砾石等,这些穿孔装饰品显然不是为了生计,而是对生活艺术的追求,或是为了宗教意味中的辟邪之用。在山顶洞下室墓葬中,发现了随葬的穿孔动物牙齿和穿孔海蚶壳,并撒了象征"死者复生"观念的赤铁矿粉。山顶洞人对穿孔技术的热爱和诸多用于装饰品和随葬品的穿孔器,促进了造物技术提升和造物观念生成,以及在此基础上萌发的"某种器物独有的巫术、辟邪和驱病"的特殊认知。"穿孔装饰品的发达,表明人们已有趋利避邪的巫术概念和爱美的意识。"①上古先民的美术与宗教造物理念在日常生活中生根发芽。

---

① 郑师渠,王冠英.中国文化通史:先秦卷[M].北京:北京师范大学出版社,2009:30.

二、新石器时代：原始造物理念呈现出特权化和仪式化特质

就石器的制造而言，以打制方式制造石器的时代是旧石器时代，以磨制方式制造石器的时代是新石器时代。新、旧石器时代，石器仍是上古先民使用最广泛的工具。不过伴随着人类从新石器时代早期向中晚期发展，制陶业和玉器制造业开始兴起，上古先民造物理念中通过技术提升以追求更好的生活用具的技术化路线逐步明确，火与黏土成为主角。在选取石料过程中，大自然中馈赠的纹理细腻、色泽晶莹剔透的"玉质石头"，成为上古先民对美的追求和仪式化用途的优质选择。玉器制造业在石器制造体系中逐步分离并成为一个独立的工艺种类发展起来，并为中华民族所钟爱。田自秉对此表示："由此可见，石器和玉器不仅有着直接的联系，而且玉器工艺就是由石器工艺发展演变而来的。例如，玉圭是由石斧演变而来；玉璧是由环状石斧演变而来；玉璋是由石刀演变而来；等等。"①玉器工艺得以发展的动力除了对美的追求之外，就是宗教。从这一时期大量出土的文物来看，很多玉器是随葬品，应该是墓主人生前所常用的器物且很珍贵。最典型的玉雕艺术就发现于红山文化，在牛河梁遗址发现了用于祭祀的"女神庙"，这说明红山文化祭祀仪式气氛浓厚。其遗址发现的几处石冢（如图2），随葬了一些玉器。不同类别的玉器按照一定的

图2 牛河梁遗址第二地点1号冢21号墓

---

① 田自秉.中国工艺美术史[M].上海：东方出版中心，2010：5 - 6.

规则放在不同位置,其寓意自然不同。除了红山文化之外,其他新石器时代中晚期出土的文物中,很多陶器也作为随葬品被发掘,还有一些陶器作为祭祀用器被考古发掘,这些都说明了造物理念中的祭祀仪式化特质。

制陶业的发展,玉器制造从石器体系中逐步独立,原始艺术思维从写实向写意转变,造物技术随着磨制、雕塑、造型、工艺、装饰等手法普及而逐渐丰富起来,大型祭祀与图腾崇拜逐步权威化,驱病避灾和禁忌敬畏心理逐步走向专业的仪式化……这些因素的出现和发展,使得旧石器时代的造物思维向新石器时代的造物理念过渡,新石器时代的原始造物理念呈现出特权化和仪式化特质。这些过渡和特质可从新石器时代早期、中期和晚期的器物中一探究竟。

新石器时代早期,北方以磁山文化和裴李岗文化为主要代表,南方以江西万年仙人洞遗址和湖南彭头山文化为主要代表。进入新石器时代,石器就以磨制为主要方式进行制作了,在北方的南庄头遗址、磁山遗址、裴李岗遗址等都出土了许多磨制精细的石器。南庄头遗址出土了一套石磨盘和石磨棒,证明了早在1万年以前上古先民就已经使用石磨盘和石磨棒了。粟作物种植发达的磁山遗址出土了大量的农业生产工具,有磨制的石铲、石镰、石斧、石磨盘和石磨棒等器具。从裴李岗遗址出土文物看,其农业同样发达,而其农业生产工具制造较磁山文化更为精细,石铲通过磨制呈现出锋利圆弧刃,石镰的刃部有精密的锯齿。特别是石磨盘和石磨棒(如图3),拥有4个足、半米长的石磨盘是通过磨制而成的,加上配套出土的通体被磨光的石磨棒,集中反映了裴李岗人精细的磨制技术。裴李岗的石磨盘令人惊叹,研究者这样评述道:"特别引人注目的是,整个磨盘都经过认真仔细的磨制加工,被琢磨得十分平整光滑,找不出一丝粗糙的痕迹。"[1]这一精细的磨制技术还反映在石镰上,如果抛弃石质材质,其形状和工艺与铁质镰刀无异。从磁山文化和裴李岗文化出土的石器看,它们都属于精细磨制工艺品,以农业生产实用为主要目的,开荒多用石

---

[1] 郑师渠,王冠英.中国文化通史:先秦卷[M].北京:北京师范大学出版社,2009:18 – 19.

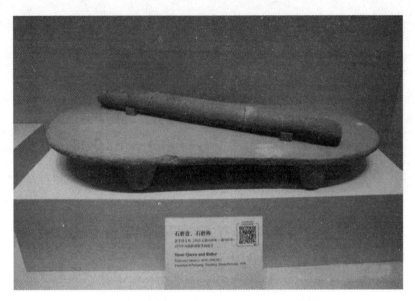

图3 裴李岗遗址出土的一套石磨盘、石磨棒

斧,种地多用石铲,收割多用石镰,收获的粟用石磨盘和石磨棒加工。

　　石器、骨器、木器是人类对自然界已有物质进行加工而成的工具,在材质上没有创新。但是火与黏土的结合,产生了新的材质,是第一种由人类创造的自然界没有的物质,这就是陶。在中国国家博物馆远古展厅内陈列了一件出土于江西万年仙人洞的陶罐(如图4),虽然它拼拼凑凑才粘成一件器物,却是迄今为止我国出土的最古老的陶器,距今约1万年。这件陶罐被称为中国第一陶罐,其胎质简陋,烧制技术落后,保存不完整,仅有口沿、器身残片和底部,但它却是上古先民按照自己的意愿,尝试着运用火烧技术而烧制成功的非天然材质的物品,具有标志性的价值。陶,是火与黏土的人造物,是人类凭借技术进行的第一次造物尝试。陶器出现以后,人类突破了自然馈赠材质所带来的造物局限,在雕塑、工艺和装饰上可以根据生活需求去设计和生产,可以更好地把满足日常需求和人类主导的审美趋向结合在一起,为人类造物观的产生并具有区域性、民族性造物特质奠定了技术基础。自从我们的上古先民烧制了第一件拙朴陶器开始,制陶就进入发展快车道。1988年,湖南彭头山新石器早期遗址被考古发掘出来,出土了大量的陶片,能够修复成型的就有百余件。研究发现,

图4 江西万年仙人洞出土的陶罐

先民在制陶技术上已经取得很大进展,运用了拍印和滚压方法进行绳纹装饰,运用了直接捏塑法和泥片贴塑法进行成型,所生产的器型有多种,比如深腹罐、盘、碗、碟、釜、钵、三足罐等。北方的磁山文化和裴李岗文化遗址中也出土了一些陶器,纹饰和器型也开始丰富起来,用绳纹、划纹和剔刺纹进行装饰,塑造了陶罐、陶壶、陶碗、陶鼎、陶钵等器型。就新石器早期出土的陶器文物看,上古先民在制造陶器过程中,"实用性"仍然是造物理念的核心,而非艺术。

新石器时代中期,是陶器大发展的时期,所有出土的文化遗址都有陶器,且多数以陶器为主。可以讲,这一时期陶器发展势头完成了对石器制造的反超,成功把新石器时代的造物主旋律引向制陶。相比新石器时代早期的制陶初兴,这一时期制陶在造型、装饰、彩绘、雕塑上都取得了长足进步。特别是彩陶,在黄河中游绽放的仰韶文化、黄河下游绽放的大汶口文化、长江中游绽放的大溪文化的共同支撑下,成功把新石器中晚期定格为"中国彩陶艺术灿烂期",艺术地进行造物深入人心。田自秉将其称为"彩陶文化",一种用黑色、红色作为装饰花纹的陶器,加上陶器本有的红褐色或棕黄色,更加丰富了陶器的色彩。在中国大地上,彩陶多点开花,各有特色。黄河中游的仰韶文化,包括了半坡类型、庙地沟类型、大河村类型、后岗类型、大司空村类型五种。半坡类型中后期的红陶黑花极具特色,鱼是其彩陶装饰最具特色的设计题材,鱼绘制得非常生动传神(如图5),而逐渐抽象化的几何形装饰图案是其另外一个特色。

图5　仰韶文化半坡类型彩陶鱼纹盆

除了彩绘,这一时期,陶器造型也取得了巨大成就。从已经出土的文物来看,这一时期陶器造型主要还是以"服务于生计"为主,且以满足日常生活所需为主要目的,比如用于烧火做饭的陶鼎、陶灶、陶釜,又比如用于盛放或储存食物的陶盘、陶碗、陶钵、陶罐、陶盆、陶瓮,再比如用于盛水储水的陶杯、陶壶、陶瓶。这些都是日常生活所需的常用器型,数量也最多,制造理念首先要考虑的是实用性和耐用性。当然,也有一小部分器型独具特色,往往超越了日常生活所需的实用性,转而去追求"某种特定目的"而造物。在仰韶文化时期的陕西省渭南市华州区一个女性墓葬中出土了一件极具造型艺术价值的鹰鼎(如图6),该鼎通体光滑而黑亮,造型敦实而又精致,特别是一双突出的双眼和坚挺的鹰嘴刻画得十分生动逼真,形似陶鼎又超越了"作为鼎的实用性"的制造初衷。从一并出土的石圭、骨匕

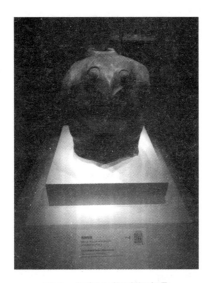

图6　仰韶文化时期鹰鼎

等生活礼器来判断,"这件器物很可能是某种庆典或祭祀时所使用的重器。它具有一种神威的力量,试图以此来唤起氏族成员对某种神明的崇敬和信仰"。① 显然鹰型陶鼎已经不属于日常生活用器,设计和制造之初就以宗教使用为目的。1959 年在山东泰安大汶口遗址出土了造型别致的白陶鬶,鬶是用于盛水的生活器皿,白陶鬶外部呈现白色,器物胎质虽薄,但是质地坚硬,中空的三个大足在技术设计上充分考虑了储水功能,长长的脖子加上鸭嘴式流,设计塑造出一个桀骜不驯的鸟形,那"冲天流"展露的"挺胸扬首和举止傲慢"绝不是仅仅为了艺术,还有图腾。因为大汶口文化属于东夷族文化,而东夷多以鸟为图腾,器物造型上突出桀骜不驯的鸟形是具有造物考量和理念凝聚的。

新石器时代晚期,是中华文明从原始蒙昧的野蛮时代向等级权力的文明时代过渡的历史期,约经历了 1000 年之久。这一时期,出土文物种类和数量都较前期丰富:在材质上,制陶业出现打磨黑陶,也出现零星的青铜小器物;在造型上,器物的祭祀仪式用途和贵族特权化成为重要造物思考因素,服务于宗教用途而不是生活实用性的造物理念在高级的成熟

———————

① 史仲文,胡晓林.中国全史:艺术卷[M].北京:中国书籍出版社,2011:24.

的造物者中已然成风,技术越高越脱离现实生活所需去造物。同时,玉器因造型精良在随葬过程中扮演着神秘角色,越来越成为少数人的特权。据史学家推断,中国历史上的炎黄蚩尤混战就在这一时期,说明了这是一个英雄时代,军权、神权已经向少数人集中,随之而来的造物理念被仪式和权力引领,祭祀占卜、权力显贵、礼制体系需要大量的器物进行支撑,文明的曙光乍现。

新石器晚期制陶业的巅峰当属山东龙山文化的蛋壳黑陶。蛋壳黑陶是陶轮制造技术的产物,烧制前先打磨器物坯胎至光亮,因其器壁薄如蛋壳而得名。1960年山东潍坊姚官庄龙山文化遗址出土的几件黑陶高柄杯是其代表性器物之一,随后又接连出土了高脚圈足双耳杯、单耳杯等,其共同特点就是黑亮极薄。田自秉总结黑陶工艺具有"黑、薄、光、纽"四个特点。如此精美绝伦、技术精湛的蛋壳黑陶,一定是专业的高技术制陶工匠所做。考古发现这种蛋壳黑陶和玉器一起成为大墓的标志,比玉器还珍贵,在中小墓中很难发现。蛋壳黑陶因为制造技术难度高和独具的"区别性"而成为社会身份的重要象征,它在造物发展历程中掀起的波浪具有划时代的意义,是社会巨大变革的先兆。同样具有这种功能的造物当属玉器雕刻,位于浙江余杭的良渚文化的玉器不论是雕刻工艺还是器物数量都让人赞叹不已。良渚文化玉器分为装饰用器物和礼制用器物两大类,前者是艺术追求掩盖了实用性,后者是等级权力超越了实用性。新石器晚期,权力和地位集中到少数氏族贵族身上,精美绝伦、做工精细的玉器结合着礼制的象征意义成为氏族贵族"象征身份的器物"。良渚文化特别注重礼天地、敬鬼神的祭祀仪式,玉琮应该是其重要的礼器,或者是为了沟通天地之用。外方内圆的玉琮,雕刻有动物纹饰(一种与商代青铜器上的饕餮纹饰极具渊源的纹饰),可单节也可多节累加。而玉钺呈斧形则是拥有军事权力的标志。通过拥有某种特殊材质和制作工艺的器物来表示某种宗教或权力的拥有权,开启了以等级、权威为特质的礼制时代大门。

新石器晚期,祭祀仪式集中化明显,诸多考古发现了原始仪式活动场所。比如湖北天门屈家岭文化时期的石家河遗址中出土几处祭祀活动场所,出土的用于祭祀而非生活所需的器物多达 10 余万件,充分说明了祭祀活动的规模大和次数频繁,也证明了诸多器物在制造时就在制造者理念中植入了深刻的仪式意味。屈家岭文化出土的一些高约 2 米的筒形陶器,就是以宗教祭祀为制造目的的典型器物。一些宗教祭祀用器也佐证了宗教权力在向少数人集中,比如良渚文化中祭台上出土的墓葬里有很多随葬的玉琮、玉钺、玉璧等象征财富、权力、仪式的礼器,这说明了祭祀权和特权一起向少数人集中的事实。

第二节　迈向文明时期"服务于权力垄断"的造物观

尧舜禹时代实行禅让制,至禹传位于其子启时,禅让制被世袭制代替,文明社会在这一历程中孕育和形成。向奴隶社会过渡的时期,是权力向少数人集中的过程,人类用权力垄断的私有制代替原始平等的公有制,从而叩开了人类社会文明的大门。少数人的权力垄断表现在对祭祀权力、政治权力和造物权力的垄断,上古先民在迈向文明的过程中,逐渐形成比较稳定的造物观——一个从氏族传统和特殊地位中分离出的"服务于权力垄断"的造物观。至夏朝,这一造物观在比较稳定的国家社会秩序中表现为对氏族血缘与祭祀仪式的维护与夯实。

一、尧舜禹时期"德能治天下"与权力垄断造物观

尧舜禹三贤治理天下时期到来之前,中华大地处于新石器晚期的英雄并起、战争求存时代。北方的黄帝、炎帝、蚩尤和南方的苗蛮在旷日持久的兼并战争过程中,逐步发展成为四个实力最强的部落联盟。在战争求存的时代,部落首领发挥着重要的作用,权力集中在战争中成为部落求存的一种必然选择,毕竟松散的部落难以形成强大的战斗力和果断的决策力,其结果就是被兼并。蒙昧的原始社会自然生发出宗教,而巫术是宗教中最常见的广泛存在的活动,贯穿于人们生活的方方面面。从最早的北京山顶洞人墓葬中的赤铁矿粉到人面鱼纹彩陶盆,从用蚌壳摆设出的龙虎图案到大型祭祀场所的发掘,都说明宗教活动是上古先民生活的重

要一环,家家巫术的场面是史前宗教的一大特点。在长期的战争求存过程中,宗教权力集中开始,"民神杂糅"的人人通神逐渐被专职巫祝取代,专职巫祝多成为少数贵族的专利,有时部落首领就是专职巫祝,从出土的文物可以佐证这一现象。比如新石器晚期的红山文化、大汶口文化、河姆渡文化等出土的玉器,在墓葬中出现了明显的贫富差距,用于巫术的玉琮制造工艺精湛且耗费钱财,普通百姓是无法承担的。专职巫祝成为通天地的桥梁,也就具有了垄断宗教权力的条件,宗教权力集中的发生是必然趋势。伴随宗教权力集中的还有军事权力集中,在浙江良渚文化余杭反山和瑶山遗址出土的墓葬中,玉琮和玉钺共同出现,同属于一个墓主人,说明了象征通天地的巫祝权力与象征军事大权的决策权力集中在一起,成为少数人的特权。战争求存之路越残酷,权力集中就越明显。反过来,权力集中向权力垄断过渡,也需要战争来推动。在宗教权力和军事权力集中之后,就是政治权力垄断的出现。

当兼并战争发展至英雄时代后,黄帝、炎帝和蚩尤开始了争雄战争。据《史记·五帝本纪第一》载:"轩辕之时,神农氏世衰。诸侯相侵伐,暴虐百姓,而神农氏弗能征。于是轩辕乃习用干戈,以征不享,诸侯咸来宾从。而蚩尤最为暴,莫能伐。炎帝欲侵陵诸侯,诸侯咸归轩辕。轩辕乃修德振兵,治五气,蓺五种,抚万民,度四方,教熊罴貔貅䝙虎,以与炎帝战于阪泉之野。三战,然后得其志。蚩尤作乱,不用帝命。于是黄帝乃征师诸侯,与蚩尤战于涿鹿之野,遂禽杀蚩尤。而诸侯咸尊轩辕为天子,代神农氏,是为黄帝。天下有不顺者,黄帝从而征之,平者去之,披山通道,未尝宁居。"①可见,黄帝击败炎帝和蚩尤,成为英雄时代的魁首,这是通过战争手段获得的特殊地位。黄帝之孙颛顼因"静渊以有谋,疏通而知事;养材以任地,载时以象天,依鬼神以制义,治气以教化,絜诚以祭祀"②而世袭成帝,黄帝之曾孙帝喾因"普施利物,不于其身。聪以知远,明以察微。顺天之义,知民之急。仁而威,惠而信,修身而天下服。取地之财而节用之,抚

① 司马迁.史记[M].长沙:岳麓书社,2001:1.
② 司马迁.史记[M].长沙:岳麓书社,2001:2.

教万民而利诲之,历日月而迎送之,明鬼神而敬事之"①而世袭成帝。帝喾之子尧因"其仁如天,其知如神。就之如日,望之如云。富而不骄,贵而不舒。黄收纯衣,彤车乘白马。能明驯德,以亲九族。九族既睦,便章百姓。百姓昭明,合和万国"②而替代"不善"的哥哥挚立而世袭成帝。从黄帝到尧帝,虽为世袭成帝,但不是绝对的父子传承。传承帝者必须是德与能兼有的贤者,在德上能够和睦九族,能上可以合和万国,即"德能治天下"。在尧舜禹时期,尧帝开启了德能选贤制,广于天下选贤而禅让。舜帝以"能和以孝"和"慎和五典,五典能从"的摄政天下能力而践天子位,其即位和治天下都经历了千难万险。大禹因治水之功,诸侯归之,取代舜子、尧子而践天子位。

从黄帝到尧舜禹,其血缘上本就是一族。据《史记·五帝本纪第一》载:"自黄帝至舜、禹,皆同姓而异其国号,以章明德。故黄帝为有熊,帝颛顼为高阳,帝喾为高辛,帝尧为陶唐,帝舜为有虞。帝禹为夏后而别氏,姓姒氏。"③德能治天下,实质上是一族少数精英的德能兼有者治天下,这反映在造物上就是权力垄断造物观。新石器时代晚期至青铜时代早期的齐家文化中,墓葬贫富差距明显,且出现了人殉恶俗,制造技术复杂的玉器和技术垄断下的早期青铜器都成为少数人的特有随葬品。象征权力和财富的玉器,技术垄断下的珍贵青铜器,都在造物之初打上了深刻的"服务于权力垄断"的烙印。社会广泛使用的用于生产生活的石器、陶器渐渐地失去社会造物观的主流趋向,开始被追求技术难度而出现的独特性造物所替代。需要特别说明的是,这一时期,在权力垄断造物观过程中已经把原始道德观念植入其中,这里的权力垄断造物观不再是以往杀伐宗教凸显身份地位的造物观,而是德能者治天下的权力垄断造物观,其目的是通过德能并有的贤者替代权力垄断,在器物制造和使用上开始出现"等级和秩序"的礼制萌芽。当然,在权力维护过程中,这种礼制萌芽还需要漫长

---

① 司马迁. 史记[M]. 长沙:岳麓书社,2001:2.
② 司马迁. 史记[M]. 长沙:岳麓书社,2001:2.
③ 司马迁. 史记[M]. 长沙:岳麓书社,2001:5 - 6.

的培育和等待,在周公改制之前,它服从或让渡给了氏族血缘维护和宗教神权垄断。

二、氏族血缘与祭祀仪式交织的夏朝造物观

在迈入文明社会的过程中,氏族首领凭借权力垄断和对外战争逐渐强化了政治权力及机构建设。从氏族中培育出血缘政治伦理,从巫术中培育出宗教政治伦理,二者都需要权力垄断来彰显。夏禹改变禅让制传位给其子启,中国社会完成了从野蛮社会向文明社会的标志性转变,中国历史上第一个奴隶制国家——夏成立。夏是在氏族血缘基础上建立起来的奴隶制国家,因而其政治结构是按照氏族血缘结构进行设计的。夏属于部落联盟国家,有"天下万国"之说,对于夏朝统治者而言,如何在万国之中拥有至高的权威是一个现实难题。据说夏启建国,有扈氏曾起兵反抗,启子太康时,有穷氏的羿就借"太康荒淫失国"而起兵闹事,这说明夏朝一直在为维护立于万国之上的权威而不断斗争,万国拥有独立的军事财政大权,其威胁一直存在。这一现实的长期存在,反映在夏朝造物观上,就是通过造物权力垄断和器物稀有性及独特性来夯实氏族血缘的高贵和宗教神权的至高无上。这首先反映在了青铜冶炼技术及早期青铜器制造上,青铜器虽然优于陶器和石器,但是青铜器冶炼技术及器物制造从一开始就是基于突出政治权力和宗教垄断而出现的,而不是服务于生产生活的。"虽然这时已有了比较发达的青铜冶铸技术,然而此时比较发达的青铜冶铸技术主要并不是用于制造生产工具,而是用于铸造祭祀天地祖先以沟通人神的礼器。"[①]被认为是夏朝文化中心的河南偃师二里头文化中早期遗址中,出土的青铜器有祭祀礼器、酒器、武器、乐器等,这些青铜器物主要是服务于夏朝统治者的日常生活所需和宗教仪式。其中一件盾形兽面纹青铜牌饰(如图7),是一件"铜镶玉"的贵重艺术装饰品,凸显了高超造物技术和独有的使用身份。夏朝还处在耕耕时代,石器、骨器、木器等还是农业生产的主要工具,陶器、石器、蚌器等是主要的生活用器。

---

① 郑师渠,王冠英.中国文化通史:先秦卷[M].北京:北京师范大学出版社,2009:94.

图7　夏朝二里头文化出土的镶嵌绿松石兽面纹青铜牌饰

如此高超的青铜器不是一般的方国能够生产和制造的,只有掌握中心权力的夏统治者才有如此的财力和权力去支撑。据《左传·宣公三年》载:"昔夏之方有德也,远方图物,贡金九牧,铸鼎象物,百物而为之备。"这说明,青铜器制造被夏朝统治者所倚重,并通过强大的铸鼎能力来定天下,凸显权力垄断和身份地位。

权力垄断还表现在对宗教权力的垄断。在夏朝日常生活中,宗教神权贯彻其中,在重大决策时起着决定作用,夏朝非常看重上天的意志,敬重鬼神之志。据《山海经·大荒西经》载:"开(启)上三嫔于天,得《九辩》与《九歌》以下。"①这是夏启借"恭行天之罚"而对有扈氏的讨伐成功之后大宴各路诸侯时所说之辞。《史记·夏本纪第二》载:"帝孔甲立,好方鬼神,事淫乱。"②这说明夏统治者孔甲一味听取鬼神之意,这种宗教神权式的政治权力最终也促使夏朝自孔甲后不久"四世而陨",这些都是夏朝宗教神权政治的文献佐证。而在造物观上,夏朝的统治者一方面通过制造工艺精湛的陶器、玉器和技术垄断的青铜器来凸显身份地位,另一方面就是通过建造宫殿来彰显权威。在二里头文化遗址中出土的1号宫殿遗址,台基的东西、南北都超过100米,总面积达10000余平方米,殿、廊、庭、

---

① 方韬.山海经[M].北京:中华书局,2009:258.

② 司马迁.史记[M].长沙:岳麓书社,2001:11.

门一应俱全,布局合理、主次分明,俨然一个颇为宏伟壮观的大型宫殿建筑群。"宫殿建筑作为为统治者服务的建筑艺术,除了要求最大限度地满足统治者的物质生活要求外,还要反映出他们的高贵、尊严,显示统治者的权威。"①可以讲,以技术难度来凸显夏朝统治中心的地位与身份的做法,是这时期造物的一大特质,在本质上反映出了夏朝氏族政权结构中,血缘权力维护和宗教权力维护下的政治权力垄断思想,基本定义了夏朝主流造物观。

① 史仲文,胡晓林. 中国全史:艺术卷[M]. 北京:中国书籍出版社,2011:67.

第二章 殷商时期的造物观

商代器物文化十分繁荣，谢和耐认为："总而言之，黄河下游各种文明成分——文字、战车、建筑技巧、卜筮仪式、青铜工艺、各式祭器、装饰图案等，均以极其精巧的形式出现。"①再进一步分析商代文明会发现，商代其实是王权贵族阶层的生活写照。基于此，谢和耐把商代称为宫廷文明时期，"国王是贵族阶级的第一号人物，其专门活动是祭祀与作战。国王既是军队的首领，也是祭祀的首领。所有活动都依附于王宫，王宫同时担负政治、宗教、军事与经济的职责，没有明确划分。"②商代统治者笃信天命，通过宗教强化王权，因此商代所呈现的图景带有明显的神权政治特质，从这个角度而言，商代具有政教合一特质。

《孟子·尽心下》载："由汤至于文王，五百有余岁。"五百余年的统治期内，商代历经 14 代 30 位君王。③ 从成汤的亳到盘庚的殷，这 30 位君王共使用过 7 个国都，并在殷创造辉煌。在造物观研究时，可以沿着造物路线，围绕"商代祭祀文化—祭祀器物使用—器物背后的造物观—商代造物之道"这一主线对殷商时期的造物观展开阐释。

第一节 重大事件中的殷商器物使用

一、殷商显著特质：注重以祭祀文化为代表的重大事件

商代社会，巫术、占卜、祭祀、仪式、宗教、王权等交织在一起，与夏代

---

① 谢和耐.中国社会史[M].黄建华,黄迅余,译.北京:人民出版社,2010:42.
② 谢和耐.中国社会史[M].黄建华,黄迅余,译.北京:人民出版社,2010:24.
③ 据《史记·殷本纪》记载的商代君王有:成汤、外丙、中壬、太甲、沃丁、太庚、小甲、雍己、太戊、仲丁、外壬、河亶甲、祖乙、祖辛、沃甲、祖丁、南庚、阳甲、盘庚、小辛、小乙、武丁、祖庚、祖甲、廪辛、庚丁、武乙、太丁、乙、辛,共30位。

及上古社会的巫觋文化不同的是,商代显著特质是宗教性的祭祀文化,这一判断是基于弗雷泽对于宗教文化和巫术文化的区别理论。弗雷泽认为宗教文化以"邀宠、讨好神灵"为特质,巫术文化以"胁迫、压制神灵"为特质。① 陈来也认为:"商代宗教在整体上已不是巫术或萨满,上层文化与下层文化已经分离,上层宗教已经是祭祀形态。夏以前是巫觋时代,殷商已是典型的祭祀时代。"②为了更好地阐明商代祭祀文化特质,下面就从巫觋的祭祀化和商代祭祀与萨满的异同点进行论证。

巫觋的祭祀化。《国语·楚语下·观射父论绝地天通》中记载:

昭王问于观射父,曰:"《周书》所谓重、黎实使天地不通者,何也? 若无然,民将能登天乎?"

对曰:"非此之谓也。古者民神不杂,……如是则明神降之,在男曰觋,在女曰巫,是使制神之处位次主,而为之牲器时服。……于是乎有天地神民类物之官,是谓五官,各司其序,不相乱也。民是以能有忠信,神是以能有明德,民神异业,敬而不渎。故神降之嘉生,民以物享,祸灾不至,求用不匮。及少皞之衰也,九黎乱德,民神杂糅,不可方物。夫人作享,家为巫史,无有要质。民匮于祀,而不知其福,烝享无度,民神同位。民渎齐盟,无有威严,神狎民则,不蠲其为,嘉生不降,无物以享,祸灾荐臻,莫尽其气。颛顼受之,乃命南正重司天以属神,命火正黎司地以属民,使复旧常,无相侵渎,是谓绝地天通。"

从这段记载看,巫觋文化由来已久,涉及人神互通,从上古到三代时期历经三个阶段:民神不杂阶段、民神杂糅阶段、绝地天通阶段。在民神不杂阶段,民神异业互不侵渎,巫觋专职神事,民不参与事神,神降之嘉生。在民神杂糅阶段,九黎乱德之后出现人人可祀、随意通天的家为巫史,民神交织在一起,民神同位,祭祀不尊导致祭品匮乏,人民因此失去福佑。为了重新获得神的福佑,颛顼进行宗教改革,乃命重、黎绝地天通,进

---

① 弗雷泽.金枝:巫术与宗教之研究[M].徐育新,汪培基,张泽石,译.北京:中国民间文艺出版社,1987:79-85.

② 陈来.古代宗教与伦理:儒家思想的根源[M].北京:生活·读书·新知三联书店,2017:11.

入绝地天通阶段,而商代就处于绝地天通时代。

绝地天通阶段与民神不杂阶段有所异同,相同之处是民神异业,需要巫觋作为中介专门从事神事。不同之处是民神不杂阶段处于原始平等社会,巫觋无法与王权结合,仅仅是巫觋;而绝地天通时代,社会财富分化和等级出现,巫觋与王权结合在一起,出现巫觋政治,巫觋被贵族阶段垄断并以此获取权力。故而张光直说:"古代,任何人都可借助巫的帮助与天相通。自天地交通断绝之后,只有控制着沟通手段的人,才握有统治的知识,即权力。"①进入绝地天通时代,家为巫史不再,人神交通被垄断,巫觋地位突显出来,因而巫觋只有在少数贵族统治者中产生。陈梦家在《商代的神话与巫术》一文中甚至认为"商王本身就是巫,且是众巫之首"。

那么,绝地天通时代,巫觋的主要职责又是什么呢?《说文解字》曰:"巫,祝也。"祝是祭祀仪式中承担祝祷的专职人员,《礼仪·士丧礼》有"商祝袭祭服,襚衣次"的记载。而根据《周礼》记载,承袭于商代的祝分为大祝和小祝,大祝参与国家祭祀仪式并主持祭典,小祝是大祝的辅助,主要参与较低层次的祭祀,但不论是何种祝,都与帝王贵族主导的祭祀典礼息息相关,巫觋其实已经被祭祀化了。陈来从巫祝、巫史、祝卜、女祝等角度对商代巫觋文化进行分析,也得出商代巫觋文化被祭祀化的结论,他说:"以上所述,主要是要说明商周的'巫'已经祭祀化了,不再是人类学上所说的巫师,不再是龙山文化以前未绝地天通的巫觋,而已成为商周祭祀体系中祭司阶层的一部分。"②概言之,商代是一个巫觋运用占卜沟通人神的宗教性社会,这个社会中最显著的特质是把巫觋、占卜、人神融合在一起,由王权贵族掌控的祭祀文化。

商代祭祀与萨满的异同点。萨满被看作是人神之间的使者,是伴随着祖先崇拜兴起而产生的宗教性活动,属于专职祭司。秋浦在《萨满教研究》中解释:"萨满是集许多民族原始宗教的大成的。他(它)被认为是这

① 张光直. 美术、神话与祭祀[M]. 郭净,译. 北京:生活·读书·新知三联书店,2013:37.

② 陈来. 古代宗教与伦理:儒家思想的根源[M]. 北京:生活·读书·新知三联书店,2017:52.

种原始宗教教义最具权威性的解释者,是被认为能保佑人们平安生活免除灾难的祖先神灵的代表,是专门进行宗教活动的巫师,是一切传统习惯的坚决维护者。"①萨满最显著的特征是运用巫术而狂舞的巫师口吐咒语,在近乎狂怒的情绪性表演中完成萨满仪式。

中国上古时期的巫觋依托神灵观念开展巫术活动,为本族招神、驱祸、除灾、祛不祥,并在巫术活动过程中使用咒语,包括跳舞,这种巫术确实比较接近萨满。面对这一问题,英国汉学家亚瑟·威利也认为:"在古代中国,祭祀鬼神时充当中介的人称为巫。据古文献的描述,他们专门驱邪、预言、卜卦、造雨、占梦。有的巫师能歌善舞。有时,巫就被释为以舞降神之人。他们也(会像西伯利亚的萨满一样)以巫术行医……可见,中国的巫与西伯利亚和通古斯地区的萨满有着极为相似的功能,因此,把巫译为萨满是……合适的。"②但是,接近于萨满的古巫,到了绝地天通时代,通天升天权被贵族阶级垄断,巫觋从萨满模式过渡到了祭祀模式。

正因这种过渡并没有完全斩断商代祭祀与萨满的关联,使得二者具有异同点。二者相同点是都借助巫觋开展活动,巫觋是沟通天地人神的中介,同时都使用跳舞方式进行巫术。二者的不同点主要有二:一是作为中介的巫觋,萨满具有随机性,特别钟情于战胜了大灾大难大病的人,而商代祭祀则是王权贵族控制的盛典,巫觋来自贵族甚至就是商王自己;二是萨满是自然神崇拜,因而采取强迫或压制神灵的方式,而商代祭祀带有明显的人格化的神灵观和祖先崇拜情节,因而采取谄媚或取悦神灵的方式。基于二者的异同点可以看出,商代祭祀具有萨满特质,但早已不是萨满,而是专注于服务王权的巫觋活动。"简言之,殷商时虽有巫史,而且大行占卜,但其主导的宗教信仰和行为形态,正是弗雷泽所说的'努力通过祈祷、献祭等温和谄媚手段以求哄诱安抚顽固暴躁、变幻莫测的神灵',即属于祭祀文化;而不是'借符咒魔法的力量来使自然界附和人的愿望'的

---

① 秋浦.萨满教研究[M].上海:上海人民出版社,1985:55.

② 张光直.美术、神话与祭祀[M],郭净,译.北京:生活·读书·新知三联书店,2013:38.

巫术文化。"①

二、祭祀中的重要一环:"物"的使用

商代重视祭祀,《左传·成公十三年》曰:"国之大事,在祀与戎,祀有执膰,戎有受脤,神之大节也。"《礼记·祭义》亦曰:"礼有五经,莫重于祭。"商代把祭祀看作国家头等大事,并笃信通过占卜、祭祀等宗教性活动能够达到驾驭各方、有效管控国家的目的。

商代宗教性祭祀直接导致"物"的大量使用。商代祭祀盛行源于商代人的宗教信仰观,《礼记·表记》记载:"殷人尊神,率民以事神,先鬼而后礼。"商代信仰三类神:最高层级的天神,比如帝、日、云、风、雨、东母;次一层级的地示,比如社、山、四方、四戈、川;第三层级的人鬼,比如先公、先王、先妣。在这个信仰体系中,"帝"是最高的神,拥有最高的权威,能够左右一切,被尊为至上神。帝不直接接受人间的祈求,需要先公、先王、先妣等祖先神的经转。祖先神宾于帝廷,替人间向帝传递诉求,同时享受人间的献祭。正是因为这一关键的上传下达,商代祖先被神化,并由此产出祖先崇拜观。同时,除了帝之外,其他神都接受人间的献祭,正是因为在接受人间献祭方面与祖先神相同,其他神则具有了人格。既然直接献祭除了上帝外的所有天神、地示和人鬼可以获得庇佑,那么祭祀活动就被格外重视。在绝地天通时代,人神沟通被巫觋所垄断,因而商代祭祀活动中,巫觋担负着把人间诉求告知上界,然后再获得上界回复的任务。为了完成这个任务并掌控过程,巫觋依赖具有解释权的占卜和宏大的祭祀仪式来完成。

其实,自巫觋产生以来就利用工具开展巫术活动。根据研究,张光直列出的古代中国巫师沟通天地的工具有:山、若干种树木、龟策(甲骨和八卦)、各种动物、歌舞、音乐、各种药材(酒、食用灵芝草)和象征天圆地方的玉琮。② 商代巫觋文化被祭祀化,宫廷式祭祀场面远胜于古巫活动。《国

① 陈来.古代宗教与伦理:儒家思想的根源[M].北京:生活·读书·新知三联书店,2017:91.

② 张光直.考古学专题六讲[M].北京:文物出版社,1986:6-10.

语·楚语》记载:"如是,则明神降之,在男曰觋,在女曰巫。……使名姓之后,能知四时之生,牺牲之物,玉帛之类,采服之仪,彝器之量,次主之度,屏摄之位,坛场之所,上下之神,氏姓之出。"从中可见,巫师、君王、贵族、宗族成员齐聚祭祀坛场,各种牺牲、祭祀用具一应俱全,祭祀场面可谓宏大庄严、崇高至尊。对此,谢和耐指出:"商代文明最明显有别于后世文明之处是其宗教仪式及宗教的主导作用,应当指出的是:后世只起次要作用的火灼甲骨卜方式当时占有重要位置,对先君的祭祀享有特殊地位,而祭献仪式则大讲排场。"①正是由于商代重视祭祀和频繁举行大讲排场的祭祀活动,祭祀"物"才被大量使用,客观上促成了商代祭祀器物的繁荣。

商代祭祀"物"的类别梳理。商代祭祀分为两部分:周祭和祀(完成一周所有祭称为祀),祭祀以献祭祖先神灵为主。在周而复始、品目繁杂、逢事必卜的祭祀文化氛围中,大量祭祀之"物"被使用,可归结为四种:祭祀场所、祭祀用具、牺牲、甲骨。

首先是祭祀场所的构建。巫鸿认为,从三代宗庙遗址看,宗庙从设计起就是一个集合性的宗教建筑。对于至高无上的商王而言,祭祀要事之一是祖庙,因为它是身份象征,更是仪式圣地和国家权力中心。祖庙特别注重等级区分,《左传·襄公十二年》载,祖庙有宗庙、祖庙、祢庙三个等级。《礼记·曲礼下》有载:"措之庙,立之主。"从甲骨卜辞中也多见"河宗""即宗于岳""夔即宗""右宗"等立神主的宗庙记录。所以,"殷墟发现的先公先王近祖的宗庙建筑群体,组合复杂,配置严密,又呈现出左右对应、南北呼应的平面布局规划特色,与甲骨文所见名类繁多的有关建筑名称是相应的"②。而且这些繁多的宗庙都附带着名为升、祼、旦等的祭所。

其次是祭祀用具。商代祭祀用具包括玉帛、采服、彝器(如图8)、神位等具体器物,特别是彝器类品目最繁多,又包括青铜器、陶器、木器、漆器、玉器等。从商代考古发掘实物来看,数量最大的是青铜器,容庚、张维持二人合著的《殷周青铜器通论》中列出的青铜器类型有:食器部包含烹煮

---

① 谢和耐. 中国社会史[M]. 黄建华,黄迅余,译. 北京:人民出版社,2010:45.
② 宋镇豪. 夏商社会生活史[M]. 北京:中国社会科学出版社,1994:509.

器门（鼎类、鬲类、甗类）、盛食器门（簋类、簠类、盨类、敦类、豆类等）、挹取器门（匕类）、切肉器门（俎类）；酒器部包括煮酒器门（爵类、角类、斝类、盉类、鐎类）、盛酒器门（尊类、鸟兽尊类、觥类、方彝类、卣类、罍类、壶类、瓶类、缶类、皿类等）、饮酒器门（觚类、觯类、杯类）、挹注器门（勺类、长柄勺类、短柄勺类）盛尊器门（禁头）；水器部包括盛水器门（盘类、匜类、盂类、盆类、釜类等）、挹水器门（斗类、碗类等）；乐器部（钲类、钟类、铃类、镈于类、鼓类等）。① 这些门类器物多在祭祀过程中为巫觋沟通天地所用。所谓彝器即礼器的通称，也可看作是巫师作法时所用法器。根据卜辞记录看，配合彝器同时使用的还有酒和药物，《左传·庄公二十二年》记有"酒以成礼"的说法，说明了祭祀用具配合酒、药物才算是完整的。

图8　商代后期的祭祀器：亚酰方尊（故宫博物院藏）

再次是祭祀中的牺牲。商代祭祀特别重视用"血与肉来渲染和表达诚意"。《说文解字》曰："祭，祭祀也。从示，以手持肉。"根据卜辞记录看，以手持肉时有渧血，也就是滴血的意思。祭祀是表达诚意的仪式，古

---

① 容庚，张维持.殷周青铜器通论［M］.北京：文物出版社，1984：25－27.

巫重视血,商代祭祀除了关注血,还关注肉的丰盛和等级。因而商代祭祀中大量使用牺牲,包括各种动物(比如牛、羊、猪、马、鱼),亦使用活人(包括战俘、奴隶,甚至巫觋本身)。"人牲(也称'人祭')是用活人做牺牲,杀之以祭神灵、祖先。人殉是用活人去为死去的氏族首领、家长、奴隶主或封建主殉葬。"①人祭与人殉虽都是商代宗教仪式的产物,但是二者不同点在于,人牲是供"食"的,与动物之牲等同,故多用俘虏;人殉是供"用"的,供死者死后继续役使用人,故多用亲近。祭祀牺牲主要是指人牲(即人祭)和动物牺牲。

最后是占卜用的甲骨。商代人认为人神属于两个世界,神对人的世界有未卜先知的超能力,巫觋作为沟通天地人神的使者,在祭祀活动中借助占卜的方式可以获得神的旨意。甲骨考古说明商代使用最多的是龟卜和牛骨卜。龟卜所用的龟腹甲(亦有极少的背甲)主要来自乌龟、中华胶龟和黄纹龟,牛骨卜主要用家牛、水牛的肩胛骨。所得甲骨要进行精细加工,然后通过火烧方式获得裂纹,对其进行解释,并把占卜过程及结果记在甲骨上,即甲骨文。据陈梦家1956年统计,甲骨数量在10万片;胡厚宣1984年统计,甲骨数量在16万片,这足以说明商代甲骨使用量巨大。

第二节　通过夯筑"重大事件威严性"来强化王权的造物观

一、商代祭祀器物中的造物观念

《礼记·祭义》曰:"致鬼神,以尊上也。"商代人笃信天命,把人间日常的决定权交由鬼神裁决,而且鬼神喜怒无常,不仅降福,还降灾祸,为了得福避祸,商代人想方设法地献媚、讨好鬼神。祭祀器物在造物之初就十分关注"如何更好地服务于祭祀大局"。通过对殷商器物的分析,可以明显地感觉到这一造物取向,在造物观上表现出神权特质。这一特质可从商代祭器的纹饰、材质两方面进行说明。

---

① 黄展岳.中国古代的人牲人殉[M].北京:文物出版社,1990:1.

纹饰方面,动物纹饰是商代青铜器物的典型艺术特征。根据容庚、张维持二人合著的《殷周青铜器通论》,主要动物纹饰有几十种。其中,现实存在的动物纹饰有:犀牛纹、兔纹、鸮纹、鱼纹、牛纹、水牛纹、蝉纹、蛙纹、龟纹、鸟纹、象纹、蚕纹、羊纹、虎纹、马纹、猪纹、熊纹等;虚拟想象的动物纹饰有:饕餮纹、夔纹、虬纹、龙纹等。[①]商代器物的动物纹饰组合绝大多数是成双成对出现的,呈现左右对称。在人兽交织的宗教思维中,也有少量器物上有人形与动物纹饰共同出现的现象,比如安阳殷商王墓室出土的方鼎把手上的人形位于兽口之下,妇好墓出土的青铜钺(如图9)上的人头位于左右兽口中间位置。

图9　商代妇好墓出土的青铜钺

如此明显的动物纹饰出现在商代祭器上,一定有其意义。"天地之间,或祖灵及其余神祇与生者之间的沟通,要仰仗巫觋;而祭器和动物牺牲则是天地沟通仪式中必须配备之物。"[②]《左传·宣公三年》载:"用能协于上下,以承天休。"因此,祭器是祭祀大典上巫觋所用的法器,配合各种

---

① 容庚,张维持.殷周青铜器通论[M].北京:文物出版社,1984:28－79.

② 张光直.美术、神话与祭祀[M].郭净,译.北京:生活·读书·新知三联书店,2013:55.

牺牲一起协助巫觋沟通人神天地之大用。既然祭器主要用途是协助巫觋沟通天地人神,因而所用祭器的动物纹饰选择就有所取舍,要分清楚哪些动物有助于沟通天地,哪些动物有碍于沟通天地。《左传·宣公三年》载"在德不在鼎"的故事,讲述了楚子(庄王)问鼎之大小轻重于周定王使王孙满,王孙满答曰:"昔夏之方有德也,远方图物,贡金九牧,铸鼎象物,百物而为之备,使民知神奸。"很多学者认为,此处的"物"实为"牺牲之物",又因夏是巫觋文化,亦可看作是"巫觋沟通天地人神的瑞兽"。这说明早在上古巫觋时代,动物纹饰就已经铸在器物上,一方面协助巫觋通天地,另一方面"使民知神奸",即明辨哪些动物有助于沟通天地。正因为有诸多动物被认为是沟通人神天地的瑞兽,所以古代中国神话中亦出现不少人驾驭瑞兽往返天地间的萨满式的宗教神话记载,比如《山海经》中的四方使者都是双脚踏龙(或蛇)驰骋天地间的形象。《山海经·海外南经》:"南方祝融,兽身人面,乘两龙。"《山海经·海外西经》:"西方蓐收,左耳有蛇,乘两龙。"《山海经·海外北经》:"北方禺疆,人面鸟身,珥两青蛇,践两青蛇。"《山海经·海外东经》:"东方句芒,鸟身人面,乘两龙。"

"因此我们必然得出这样的结论:商周青铜器上的动物纹样有其图像上的意义,它们是协助巫觋沟通天地神人的各种动物的形象。"[①]概言之,祭祀中常见的牺牲之物与祭祀器物上的动物纹饰都是巫师实现人神天地沟通的一种具体可行方式。殷商器物中诸多显而易见的动物纹饰证实了殷商社会在造物时首要或重点考虑的是如何服务于祭祀大典,如何有助于巫觋沟通天地人神,这就是殷商祭祀器物中的造物观念核心。

材质方面,"武器、祭器、车具、鞍辔为远古时代仅见的青铜铸品"[②]。从表面看,青铜器只是青铜材质而已,但对商代统治者而言,这是权力的象征。因为在商代,青铜材质属于"少数关键资源",不论从开采到组织大规模锻造冶炼,还是具有享用青铜器的资格,都是需要财富和权力来作为

---

① 张光直.美术、神话与祭祀[M].郭净,译.北京:生活·读书·新知三联书店,2013:57.

② 谢和耐.中国社会史[M].黄建华,黄迅余,译.北京:人民出版社,2010:42.

保障的。"铸鼎所用的青铜不仅是当时最耐久的材料,同时也是最宝贵的材料:夏商周三代只有统治阶层才能拥有和使用青铜。"①在商代社会权力竞争中,对青铜材质的独占,意味着拥有无可比拟的荣耀和权威。在祭祀中,只有对青铜材质独占的王权才能为如此排场的祭祀盛典提供保障,这就是商王与各方国的最大区别。基于此,垄断青铜材质,制造尽可能多的青铜器,在祭祀中可以达到两个目的:一是借助祭祀各方神,来强化商王权威,达到不可及性、不可触犯性,即王权的神权化;二是把青铜材质作为祭祀美材,炫耀财富,并以此献媚鬼神,持续获取鬼神赋予自己统治合法性的宗教解释。所以在商王眼里,"玉和石的差别正如铜和铁的区别:石和铁都是用来制作实用器的'恶'材,而玉和铜则是服务于礼制艺术的'美'材"②。所以每当一种新材料或新技术出现,就会被首先当作仪式中的首选材料并成为专有"财产"。对材质的独占还表现在占卜中的甲骨垄断。从已出土的甲骨文内容看,殷商占卜活动多而繁杂,几乎事事都占卜。商朝占卜活动服务于商王的目的明确,占卜活动也都在宫廷举行,商王亲自参与或监督。占卜用的水牛、龟腹甲等材料都属于稀缺品,而稀缺性则会提升"商王在宫廷占卜活动中产生的政治价值",也凸显了绝地天通时代对人神沟通手段的独特地位和占有价值。

概言之,青铜和甲骨作为"少数关键资源",在祭祀过程中属于稀缺美材。商王对技术和资源的控制,属于王权维护行为。但是从王权到神权还需要一个过渡,《瑞应图》载:"宝鼎,金铜之精。知吉凶存亡。不爨自沸,不炊自熟,不汲自满,不举自藏,不迁自行。"巫鸿认为这其实是给九鼎"生命性"和神秘性。③ 问题的关键就在此,当稀缺美材被赋予生命和神秘性,商王在祭祀中大量使用青铜和甲骨材质的"物"并独占稀缺材质,这

① 巫鸿,郑岩,王睿. 礼仪中的美术:巫鸿中国古代美术史文编[M]. 郑岩,译. 北京:生活·读书·新知三联书店,2005:52.

② 巫鸿,郑岩,王睿. 礼仪中的美术:巫鸿中国古代美术史文编[M]. 郑岩,译. 北京:生活·读书·新知三联书店,2005:58.

③ 巫鸿,郑岩,王睿. 礼仪中的美术:巫鸿中国古代美术史文编[M]. 郑岩,译. 北京:生活·读书·新知三联书店,2005:54.

就如同王权拥有了神权。王权为神权提供材质，神权为王权提供庇佑，这便是神权造物观。

二、商代造物之道

陈来认为："殷墟卜辞的研究表明，殷商时代至少其晚期的宗教信仰，以帝与帝廷为代表，已不是单一神教，而是多神教信仰，而且这种多神教的信仰在本质上，是接近于雅利安人的自然神祇信仰'自然中的上帝'，即殷人信仰的神主要反映了他们对自然力的依赖。"①商代宗教信仰多种神灵，包括天神、地示、人鬼，除了人鬼（祖先崇拜）外都是自然神，人鬼也因"宾于帝"而获得自然神性，因而商代属于雅利安人式"自然中的上帝"信仰。作为至上神的帝（或上帝）虽拥有绝对权力，但是不直接接受人间献祭，而商王祖先常借"宾于帝"之便和"与商王的血缘关系"而成为沟通人间与至上神之间的最佳中介。如此一来，宗教信仰（自然神信仰）与祭祀祖先（血缘崇拜）就结合在一起，形成了宗教意味浓重的祭祀文化。与上古巫觋文化所不同，商代祭祀最关键的点是："国王们断绝了天人的交通，垄断了交通上帝的大权。"②从商代占卜卦辞内容看，当时的人占问鬼神"多而繁杂"，几乎涉及所有的政治联盟、贸易往来、婚配结亲、攻伐交战、寻医问病、祈福求佑等事宜。这说明商代还处在一个感性经验时代，所以一事一卜，因鬼神喜怒无常、福祸并施，商代人占卜问鬼神前在潜意识里就有"想尽各种办法要获得庇佑"的思维定式。如何更好地"献媚、讨好神灵"，成为商代祭祀必须考虑的头等大事。显然，作为祭祀用具的器物则明显服从这一大局，这是商代造物之道的表面逻辑。

那么，商代造物之道的内在逻辑又是什么？商代属于国家政治联盟，商国与各方国之间存在明显的权力竞争。在这个权力游戏中，张光直认为商代社会遵循"宗系决定政治地位的大原则"，宗族分支制度促成了最高统治者王权的宗族分裂，即分支宗族作为次一级的宗族到新的具有明

---

① 陈来.古代宗教与伦理：儒家思想的根源[M].北京：生活·读书·新知三联书店,2017:137.

② 杨向奎.中国古代社会与古代思想研究[M].上海：上海人民出版社,1962:164.

确空间界限的地区建立领地。据悉,商建国时有3000余宗族分裂国,各国之间相互联盟、贸易、攻伐、婚配等,其中最显耀且占优势地位的是商国。这样一来,次一级的宗族分裂国对所属大宗的商国的恭顺,以及商最高统治者王权的政治地位维护则成为一个要解决的大事。为此,商大宗与次一级的宗族在"物事"上的区别就要做到明显而威严,所以,就动机而论,商城邑宗庙建造是出于政治需要,王权维护是本质。那么,王权大宗的城邑宗庙和祭祀重器如何与其他分支区分呢? 这就需要在王权之中加入宗教,借助神权构建王权的最高性和不可侵犯性。

因此,"在这个宗教系统里,都城中王室宗庙的地位最为尊崇,对先王的祭祀以及其他重要的国家庆典仪式都在此举行。在这个意义上,王室宗庙同时充当着政治中心和宗教中心"①。在这个集政治中心和宗教中心于一体的商文明核心区,商王举行的盛大祭祀典礼,表面上是宗教仪式,本质上则是强化王权统治。《孟子·公孙丑》载:"武丁朝诸侯,有天下,犹运之掌也。"张光直认为:"对于古代中国的权力竞争者来说,至关重要的是:如何才能占有这个手段? 回答是:以控制少数几项关键资源(首先是青铜器)的方式,以积聚手段的方式来达到占有手段的目的。"②在商代最重要的祭祀活动中,大量使用了绘制有通灵功能的动物纹饰的青铜礼器,青铜器物被赋予沟通天地人神的功能,帝王贵族占有并且有财力铸造出如此数量的青铜礼器,就具有了区别于其他人的独特地位和权威,这是殷商造物的内在逻辑。

概言之,商代造物之道是:神权保驾护航下的帝王之道。《礼记·曲礼下》有载:"君子将营宫室,宗庙为先,厩库为次,居室为后。凡家造,祭器为先,牺赋为次,养器为后。"王权神权化与神权祭祀化并存的商文明造就了商代造物观。

———————————

① 巫鸿,郑岩,王睿.礼仪中的美术:巫鸿中国古代美术史文编[M].郑岩,译.北京:生活·读书·新知三联书店,2005:62.
② 张光直.美术、神话与祭祀[M].郭净,译.北京:生活·读书·新知三联书店,2013:89.

第三章　西周时期的造物观

周人崛起于渭上,以蕞尔小邦替代大邑商,开创了八百余年基业。与殷商王权、神权和族权三足鼎立的社会结构不同,周代依靠分封制和宗法制建构起严格的等级社会。由商及周,极大地促进了诸侯国统治模式的大变革,即由商代主轴统治模式向周代共同体模式的转变。王国维在《殷周制度论》中亦曰:"中国政治与文化之变革,莫剧于殷周之际。"①殷周政治文化巨变,给造物观也带来巨大冲击。下面将从天命、伦理和等级三个方面进行分析。

第一节　天命:周代造物观中的以德配天

巫觋占卜、宗教神权在周代以前的上古社会十分盛行,殷周交替之际,周人亦深受其影响。《尚书·大诰》就记录了周公旦在早期进行重大决策时仍进行占卜的事实。天命从何时起源,学界暂无定论,但是,周代天命观内涵较殷商有了革命性的变化,这是不争的事实。

一、周代天命观的核心要义和现实诉求

周代信奉的天命观,较之殷商有了明显革新,总结起来可以概括为三:一是天命无常,周公在平定三监及武庚叛乱后,册封康叔治理殷地,他在《尚书·康诰》中对康叔进行训诫时说:"呜呼! 肆汝小子封,惟命不于常,汝念哉",明确提出天命靡常观;二是天命惟德,据《尚书·蔡仲之命》记载,周公并没有因为蔡仲是蔡叔(三监叛乱之一)之子而存在成见,相反因蔡仲能够敬重德行而封其于蔡,提出了"皇天无亲,惟德是辅"的敬德

---

① 王国维等.国史四十四讲[M].北京:北京理工大学出版社,2013:3.

观;三是天意在民,据《尚书·泰誓上》载,各路诸侯在孟津举行讨殷大会,武王高呼"民之所欲,天必从之",明确提出天意取决于民意的民意观。

从天命无常到天命惟德,再到天意在民,周代天命观中蕴含着深刻的人本主义哲学,其核心要义在于其"无常"和"有常"的统一。所谓"无常"是指上天恩赐人间的统治权是无定式的,即不是固定给某一王朝,而是可以改变的;所谓"有常"是指上天不是冷漠无情、没有判断力的独裁者,相反具有善恶判断、遵循民意的伦理品格。如此一来,上天不再是殷商时期喜怒无常、需要讨好的随意君,而变成体察民情、善恶有则的裁判。对此,陈来在《古代宗教与伦理:儒家思想的根源》中谈道:"在西周的天命观中,并不认为宇宙是一连串因果链条拘定的严整秩序,并不认为一切事物在冥冥之中已预先确定了所有安排和结局,并不认为宇宙秩序展示了一种铁的必然性和命运。"相比命定论,"与之不同,西周的天命观也肯定天命神意的主宰作用,但这种主宰作用不是体现为为宇宙和人类安排了一个必然性的链条,而是根据事物的发展和人类的状况随时加以控制、干预和调整"[1]。再结合《尚书》中诸多相关论述可以判断:周代天命观是"天民合一"论,是民意论的天命观。

周代天命观发生革命性变革,有其深刻的现实诉求,总结起来是基于两个关键方面:一是殷周交替之际,周人需要回答蕞尔小邦周何以替代大邑商? 即小邦周灭大邦殷的正当性是什么?《尚书·牧誓》是武王伐纣时发表的誓词,里面记载了武王因为商纣王的"昏弃肆祀、暴虐百姓、惟妇言是用"等罪恶而发起征讨,并决意要"恭行天之罚"。亦正如《诗经·大雅·荡》中所讲述"殷鉴不远,在夏后之世"的夏商亡国之鉴,是对夏商统治者"酗酒、好杀、残暴"等失德失民心行为的批判,并说明天命无常的道理,由此,周代的天命观念终于演变为天命靡常、惟德是依的政治思想。可见,商纣王因伤德失民而失上天眷顾,周武王因敬德保民而获得上天眷顾,这就是"以德配天",亦即小邦周替代大邑商正当性的合理解释。二是

---

① 陈来.古代宗教与伦理:儒家思想的根源[M].北京:生活·读书·新知三联书店,2017:184.

基于第一点"以德配天"的逻辑,周代统治者如何做到"天命永远配我有周"? 对此,陈来在《古代宗教与伦理》中谈道:"但是,一个完整的君权神授的理论必须能够解释君权何以转移,就是说,不仅要解释天命为何从殷转移到周,也必须能解释如何防止天命未来由姬周转移向他姓。"①以德配天客观上要求周代统治者要"敬德保民",同时还要辅以"天意取决于民情"的逻辑支撑。如此一来,天意、民情、政德就组成了一个良性的循环结构——周王察民情、行德政,敬德保民决定了良好的民情,而良好的民情直接影响到授意周王统治的天意。可以讲,伦理品格的天意就成为周王朝永续的理论源泉。

二、周代天命在造物观中的现实表现

"我生有命在天"的大邑商被小邦周打败,这让周人对殷商"有命在天"的命定论产生怀疑,并着手去修正殷商的人神观念,用"以德配天"来重新解读人神、天地间的关系,从而促进了夏商神本文化向周代人本文化转变。从神本走向人本,势必在周代造物过程中显现出来。就天命维度而言,表现有二:纹饰变革和酒器制造工艺没落。

纹饰变革。新的人神关系促使周代造物过程中的器物纹饰发生了显著变革。相比殷商时期神秘的饕餮纹,周代青铜器纹饰回归人本特色,比较显著的特点是窃曲纹的大量使用。《吕氏春秋·适威篇》曰:"周鼎有窃曲,状甚长,上下皆曲,以见极之败也。"有学者认为窃曲纹来自木纹系列,但是从延续与变革角度而言,周代窃曲纹应该是殷商神秘纹饰系列的简化或抽象化。这种变革还表现在装饰布局方面,针对殷商神秘纹饰强调饱满的三层重叠花纹布局特点,周代器物纹饰一般是在器颈和器腹两处进行装饰,其他地方留白。如此变化,减少了饕餮纹布局饱满带来的神秘色彩,增加了窃曲纹、鸟纹、炫纹等较为单纯生动图案的装饰效果,在视觉上就变得柔和许多。从纹饰对称角度而言,周代纹饰试图打破殷商对称纹饰带来的威严感,田自秉在《中国工艺美术史》中说:"周代纹样打破了

---

① 陈来.古代宗教与伦理:儒家思想的根源[M].北京:生活·读书·新知三联书店,2017:168.

商代以直线为主的特点,也打破了对称的格式,一般组成S形,但又未完全摆脱直线的雏形,因此形成直中有圆、圆中有方的特点。"①由此可见,周人深受殷商神权文化影响,对天深信不疑,但是又对命定论有所怀疑,故而试图去打破它。这种破而不离的心态,让周代青铜纹饰与殷商有几分相似,但是细细对比,又发生了显著变化。概言之,这种变化是从殷商(或延续至西周早期)以神秘威严、凶猛逼人的饕餮纹、夔纹、龙纹等青铜器纹饰为主转向周代以窃曲纹(如图10)、环带纹、垂鳞纹、鸟纹等为主的相比较柔和的新纹饰。

图10　西周晚期吴王姬鼎

　　酒器制造工艺没落。据《史记·殷本纪》载,商纣聪明睿智但恃才自傲,因袭殷商酒风而好酒淫乐,最终误国伤己。周人亲历商纣王好酒误国的历史,认为酗酒是殷商灭亡的重要原因之一,因此周人吸取教训而禁酒。《尚书·酒诰》曰:"群饮。汝勿佚,尽执拘以归于周,予其杀。"周代禁酒让曾经红极一时的殷商酒器制造工艺逐渐没落,周代所存酒器主要用于祭祀占卜。周代酒具在器型上较殷商大大减少,最为常见的是壶,但是

———————————

① 田自秉.中国工艺美术史[M].上海:东方出版中心,2010:56.

较殷商酒壶,在器型上变化较大。西周早期常见有贯耳的修长壶,到西周后期就比较流行相对实用的圈顶式盖壶。其他酒器还有爵(西周前期所见,后期逐渐消失)、觚(西周早期与殷商器型接近,后期被类似杯子的器型所代替)、斝(周代少见)、觯(周代罕见)。

周代酒器制造工艺没落,在理念上是源于周人认为商纣王好酒淫乐而惹怒上天,好酒会失德,就不配上天赐予的统治权。《尚书·酒诰》是周公旦所作的一篇禁酒训诫辞,他对商故地朝歌的母弟康叔训诫说:"惟荒腆于酒,不惟自息乃逸,厥心疾很,不克畏死。辜在商邑,越殷国灭,无罹。"意思是说商纣王好酒亡国,要吸取其教训。又说:"小子尚克用文王教,不腆于酒,故我至于今,克受殷之命。"意思是说遵循周文王教诲而不酗酒,就可代殷而受天命。可见,周公旦认为殷商好酒是因,好酒失德而惹怒上天是果,周代禁酒是基于"以德配天"的天命观的认知。这种认知在西周早期的器物铭文中也有体现,比如大盂鼎铭文中有言:"我闻殷坠命,唯殷边侯甸与殷正百辟,率肆于酒,故丧师矣。"这是用器物铭文记载殷商肆酒亡国进而在周代禁酒的历史。所以,基于天命无常、惟德是辅的思维定式,周代从王公贵族至黎民百姓禁酒,故而周代在酒器制造工艺上,较之殷商呈现逐渐没落态势。

第二节 伦理:周代造物观中的儒学渊源

王国维在《殷周制度论》中谈道:"周之制度、典礼,乃道德之器械,而尊尊、亲亲、贤贤、男女有别四者之结体也,此之谓民彝。"①周代社会高扬"以德配天",提升了道德观念在人民心中的地位,围绕"道德"而衍生出的适合中国传统文化的儒家伦理思想开始生根发芽,尊尊亲亲、慈孝友恭等理念逐渐成为周代社会关系处理的基本法则。

① 王国维等.国史四十四讲[M].北京:北京理工大学出版社,2013:12.

中国传统造物观

一、周代伦理关切的两种关系

许倬云在《西周史》中谈道："西周征服了商人,建立了一个众建亲戚、以藩屏周的庞大封建网。"①在这个庞大的封建网中,各种关系交织在一起,如何梳理并依托"关系网"来治理国家呢?以周公旦为代表的周代统治者做出了很好的回应——运用"道德"来处理人神关系和人伦关系,构建起周代儒学伦理思想雏形。

人神关系,敬德保民以求"天命永远配我有周"的德政观。《左传·昭公四年》载:"纣作淫虐,文王惠和,殷是以陨,周是以兴。"武王灭商是"陨与兴"的更迭道理,根源在纣之淫虐导致陨,文王之惠和则以兴,这是天道。正所谓得道者多助、失道者寡助,《尚书·泰誓》载:"纣有亿兆夷人,亦有离德;余有乱臣十人,同心同德。"周武王伐纣,是同心同德的周集团与离心离德的商集团之间的对垒,周武王能够团结师尚父、散宜生、泰颠、闳夭、召公、毕公、毛叔郑等有识之士,合力一致伐纣,而商纣王则杀比干,囚禁箕子,其重臣太师疵、少师强逃离,内部矛盾激化而分崩离析。因而,牧野之战时,商纣王军"皆倒兵以战",大战仅一天就结束,商纣王自杀于鹿台。西周早期的青铜器利簋有铭文载:"武王征商,唯甲子朝,岁鼎,克昏夙有商,辛未,王在阑师,赐有事利金,用作檀公宝尊彝。"意思是说武王伐纣仅一夜之间就灭商,克商后的辛未日,周武王论功行赏大军。同时,周武王在朝歌还做了几件大事,一是封赏纣子武庚禄父以续殷祀,二是释放殷商谏臣箕子,三是表彰被纣杀死的诤臣比干,四是广施恩惠于民。这几件大事都是恩德之举,得民心之举。由此可见,商周交替之际,周武王以道德重塑统治者形象,并用德配天来寻求商周更迭的合法性,从而开启了敬德篇章。《尚书·泰誓》载:"民之所欲,天必从之。"在天意取决于民意的理念下,周代在"敬德"基础上增加"保民"以处理人神关系,从而架构起天意、民情、政德三者相通相辅且可以永远循环的良性结构。对此,许倬云总结说:"遂结合可能确曾有过的事实(如周人生活比较勤劳认真,殷人比较耽于逸乐)以及商人中知识分子已萌生的若干新观念,合而发展

① 许倬云.西周史[M].北京:生活·读书·新知三联书店,2012:2-3.

为一套天命靡常惟德是亲的历史观及政治观。这一套新哲学,安定了当时的政治秩序,引导了有周一代的政治行为,也开启了中国人道精神及道德主义的政治传统。"①这个新政治传统,其要义就是被后世儒学所推崇的德政观。

人伦关系,基于家族血缘的道德规范和个人品格。中华文明在人类社会转型之初,选择了在保留氏族基本结构的基础上,进行文化阐释和文明建构,在家族血缘之上搭建起中华文明的基本人伦关系。《礼记·祭统》就有十伦关系的说法,即鬼神之道、君臣之义、父子之伦、贵贱之等、亲疏之杀、爵赏之施、夫妇之别、政事之均、长幼之序、上下之际。《孟子·滕文公上》中完整提出五伦关系:"圣人有忧之,使契为司徒,教以人伦:父子有亲,君臣有义,夫妇有别,长幼有序,朋友有信。"五种人伦(父子、君臣、夫妇、长幼、朋友)配合五种人伦关系处理准则(亲、义、别、序、信),搭建起适合中国传统文化的儒学伦理。如果追溯儒学渊源的话,以国家策略推行并夯实儒学理念使其在中华大地生根发芽的朝代,当属周。据《尚书·康诰》记载,周公旦在列举"元恶大憝"时说:"封,元恶大憝,矧惟不孝不友。子弗祗服厥父事,大伤厥考心;于父不能字厥子,乃疾厥子。于弟弗念天显,乃弗克恭厥兄;兄亦不念鞠子哀,大不友于弟。"可见,父慈子孝、兄友弟恭的观念在周初已是国家倡行的道德规范和个人品格,这也与《左传·文公十八年》所讲的五教一致,即父义、母慈、兄友、弟共(通"恭")、子孝。《尚书·君牙》记载周穆王册封君牙为周大司徒时说:"无忝祖考,弘敷五典,式和民则。尔身克正,罔敢弗正,民心罔中,惟尔之中。"这说明在西周统治者心中,社会道德规范对自我也是认可和遵循的。君臣上下均以道德约束自我,这实际上就是传统家国同构社会的伦理规范渊源所在。

二、周代伦理在造物观中的现实表现

青铜时代,青铜器作为重要器皿,广泛存在于王权贵族生活里,祭祀占卜、日常生活、杀伐攻略、婚丧嫁娶、册封赏赐等均使用青铜器。至周代,在道德观念的影响下,青铜器开始出现道德铭文。

---

① 许倬云.西周史[M].北京:生活·读书·新知三联书店,2012:125.

　　"皇天弘厌阙德,配我有周"的毛公鼎(如图11)。毛公鼎因作器者毛公而得名,器成于西周晚期。其器型为三蹄足、双立耳的敞口鼎,重环纹饰,其最出名的是铭文。截至目前所见,毛公鼎的青铜铭文是最长的,主要记载了周宣王在即位初期,思谋振兴朝纲,特请毛公担任治国理政的重臣,如铭文载:"王曰:父歆,已曰及兹卿事寮,大史寮,于父即君,命女摄司公族,雩三有司,小子,师氏,虎臣雩朕褻事。"毛公鼎铭文具有非常高的历史研究价值,其中有关"人神关系"的描述,充分体现了西周社会在人神关系上所持有的德性伦理观。铭文第一部分就提及:"丕显文武,皇天引厌阙德,配我有周,膺受大命,率怀不廷方亡不觐于文武耿光。"意思是说周文王、周武王二人因皇天满意他们的德行才让周国匹配上天旨意,周人领命而伐殷。商纣王失德亡国是因为上天收回了对殷的授命,转而给了有德行的周。故而,"肆皇天亡,临保我有周,丕巩先王配命。"意思是说,皇天不懈地监护我周,这也加强了先王匹配上天的授命可能。铭文第二部分接着说:"告余先王若德,用印邵皇天,緟恪大命,康能四国,俗我弗作先王忧。"意思是说,周宣王希望毛公为国谋划要敢进言,要经常告知自己先王美德,以促进周宣王符合天意而继续匹配天命,安国定邦,永配我有周。"皇天引厌阙德,配我有周"和"告余先王若德"说明了周代统治者拥有浓厚的以德配天和惟德是依观念。

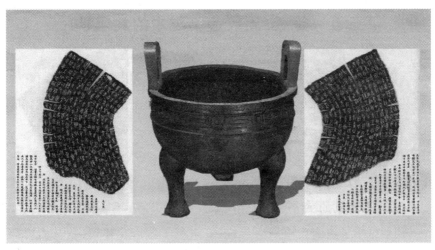

图11　西周晚期毛公鼎

颂德铭文器崭露头角。周代青铜器中开始出现较长篇幅的铭文,青铜铭文器成为周代一大特色,比较典型的代表有毛公鼎、大盂鼎、大克鼎、虢季子白盘。从已出土的青铜器物铭文看,刻制书写青铜铭文的目的主要是祭祀祖先,根据郭沫若的《两周金文辞大系图录考释》所载铭文,一半左右的铭文出自祭祀器,余皆是有关歌颂周王美德、封赐奖赏、婚嫁诉讼诸杂事。在所见的铭文中,藏有多处颂德铭文。比如歌颂周王美德铭文,何尊青铜器铭文中有"唯王恭德裕天,训我不敏"言,强调周武王敬德顺天。大盂鼎铭文记载了周康王训诰盂的历史事件,铭文有"今我佳(惟)即井禀于玟王正德"和"今余佳(惟)令女(汝)盂召荣,敬邕德坙(经)"的文字,大体意思是要努力奉行道德。周穆王时期的班簋铭中有"惟敬德,亡卣违"的铭文,意思是要躬行德政以得民心。史墙盘铭文有"曰古文王,初盭(戾)龢(和)于政,上帝降懿德大屏,匍有上下,迨(合)受万邦"的文字,说明文王好德而得上天眷顾。再比如周代统治者看重道德,师望鼎铭文有言:"穆穆克盟厥心,哲厥德。"大克鼎铭文有言:"宁静于猷,淑哲厥德。"番生簋铭文有言:"用绸缪大命,屏王位,虔夙夜溥求不朁德,用谏四方,远能迩。"这些铭文都是周代统治者高扬道德的明证,说明道德已成为周代治国理政的重要途径,出现颂德铭文自然也在情理之中。

第三节　等级:周代造物观中的礼乐秩序

《左传·僖公二十四年》载:"封建亲戚,以蕃屏周。"周初以"封建亲戚"建构起庞大的统治网,不久又"兴正礼乐"而创建礼乐文化。周代拥有完备的礼乐制度和一套以礼乐为手段来夯实尊卑秩序的等级名分制度。礼乐制度是表,宗法等级为里,秩序化贯通内外,其实质是以人伦法则、宗法等级为枢纽的国家统治制度。

一、亲疏有别的宗法等级社会

周代继承了殷商氏族宗法传统,又进行了制度化建设,就其内容而言,它是建立在贵族政治和血缘等级同步分层上的宗法等级制,天子、诸

中国传统造物观

侯、卿大夫、士围绕土地而依次封建,层层臣属,各级宗族又通过礼乐制度和宗法等级层层约束。君臣上下、夫妇父子、兄弟朋友互不僭越,从而组建起一个亲疏有别的宗法等级社会。

政治层级和血缘亲疏同构的宗法社会。《礼记·昏义》曰:"夫礼始于冠,本于昏,重于丧祭,尊于朝聘,和于射乡。此礼之大体也。"从中可见,周礼已经超越殷商祭祀仪式,转化为融合天地鬼神、婚丧嫁娶、射御冠朝等一体的社会体系。周代是一个基于维护宗法关系和血缘等级的礼制社会,宗法、礼制和等级是周代社会制度的三大特征,"在礼仪等级制度中,'亲亲'讲的是亲族宗法制度;'尊尊'讲的是贵族爵禄制度。前者是亲属关系,后者是政治关系;前者是宗统,后者是君统"①。概言之,周礼一方面基于血缘亲疏而主张"亲亲",另一方面基于政治层级而主张"尊尊",亲亲尊尊执行严格的等级制度,周代统治者以此建立宗法社会。周代宗法社会依靠三种制度维系。一是宗法制度。它主要调节周代统治者亲族内部关系,是以血缘亲疏远近为标准而设计的等级秩序和继承制度。《礼记·丧服小记》载:"亲亲,以三为五,以五为九,上杀,下杀,旁杀,而亲毕矣。"在此"杀"是递减之意,亲亲以"三"(父亲、自己、儿子)和"五"(爷爷、父亲、自己、儿子、孙子)为准,再远至"九"为止;本支为大宗,旁支为小宗,是为大小宗。以此为模型,西周建立了十分完备的宗法制度,它以周天子为大宗,周天子同胞弟或部分庶母弟则分封为诸侯,是为小宗。以此类推,可再分封为卿大夫、士,直至庶人脱离宗族不再享有宗族权力。同时,周代宗法制度是宗统和君统的合体,周天子是天下大宗、共主,所以周人称镐京为宗周。二是爵禄制度。爵禄制度主要调节周代政治关系。《礼记·王制》记载:"王者之制:禄爵、公、侯、伯、子、男,凡五等。诸侯之上大夫卿、下大夫、上士、中士、下士,凡五等。"这就是周代五等爵位制。同时在周代青铜器铭文中也有相关零散的记载为证,比如毛公鼎的毛公,《班簋铭》中的毛伯、虢公、吴伯,《太保簋铭》中的录子。周代五等爵制是一个

---

① 郑师渠,王冠英. 中国文化通史:先秦卷[M]. 北京:北京师范大学出版社,2009:196.

严密的贵族等级制,并依次构成君臣上下关系,《左传·昭公七年》载:"故王臣公,公臣大夫,大夫臣士。"可见,爵禄体系中的上一级贵族总是优于下一级贵族。周代还制定了严格的礼乐制度与之相辅助,在现实中不断夯实这种理念,不同等级贵族享受不同级别的礼乐,一旦越过视为僭礼。三是嫡长子继承制。周代推行的嫡长子继承制是对殷商兄终弟及制度的一种修正,同时也标志着父子相继中嫡子继位规矩的确立。周公旦本人是这一制度的制定者,同样是践行者。周公旦没有兄终弟及地继承王位,而是待成王长大后还政,从周武王到成王则是嫡长子继承。

周代礼制的特点及社会功能。赵光贤在《周代社会辨析》中把周礼特点总结为五:贵贱有等(《荀子·礼论》),强调社会分层和分级,等级不可逾越;长幼有序(《孟子·滕文公上》),强调周代亲族内部有差别秩序;朝廷有位(《礼记·坊记》),强调贵族政治里面的爵禄制度;男女有别(《礼记·大传》),强调男尊女卑的家庭地位;贫富轻重皆有称(《荀子·礼论》),强调"礼不下庶人,刑不上大夫"的周代社会权力结构。[①] 这个总结是比较准确和全面的。就周礼的社会功能而言,周礼实际上加强了社会等级观念和阶级固化。周代因为施行了宗法制度、封国制度、采邑制度、世卿制度等而建立起宗法等级社会,为了更好地配合这一制度,遂兴礼作乐,达到"去争"目的,即等级文化体系中,非贵族等级因失去上升渠道而不常思谋"争"。非贵族等级"不思谋争",则对贵族阶级而言就在社会中达到了"去争"目的。《礼记·曲礼上》曰:"君臣上下,父子兄弟,非礼不定。"人人以身份定名位,以名位定获得资源的权力,各安其分,礼乐文化维护了社会秩序,为周代带来稳定的社会生活。

二、周代等级在造物观中的现实表现

"从西周开始,姬周集团的统治者依照血缘的亲疏远近及政治地位的高低不同而分成许多等级,反映这种等级关系的便是礼制。"[②]可见,礼制

① 赵光贤.周代社会辨析[M].北京:人民出版社,1980:99.

② 郑师渠,王冠英.中国文化通史:先秦卷[M].北京:北京师范大学出版社,2009:193.

本质上是宗法等级,这一本质反映在周代造物观上,就是具备森严等级感与和合秩序感的成套器物系列大量出现。就造物而言,周代器物通过成套器物反映主流价值观,在每套器物系列中,各种器型被定制为特指功用,且相互辉映又互不逾矩。

象征身份等级的周代玉器。周代,玉器是王公贵族垄断的贵重器物,主要作为礼器使用,每逢祭祀朝聘、礼仪大典、婚丧嫁娶都特别注重用玉。因为玉器广泛流行于王公贵族之间,因而制定严格的玉器使用制度十分有必要,同时还可通过重要场合使用或佩戴不同种类的玉器以区分身份地位和体现等级差别。《周礼·冬官考工记》载:"镇圭尺有二寸,天子守之。命圭九寸,谓之桓圭,公守之。命圭七寸,谓之信圭,侯守之。命圭七寸,谓之躬圭,伯守之。"命圭是王公大臣觐见周王时手里所持的玉器,尺寸大小不同的圭对应不同的身份地位,由此表明身份等级。《周礼·冬官考工记》又载:"天子用全,上公用龙,侯用瓒,伯用将。"这是指不同等级使用的玉器纯度也不同,天子使用纯玉(全),上公则用四玉一石(龙),而侯则为三玉二石(瓒),伯为二玉二石(将)。周代玉器有严格的使用制度,并会根据不同种类指定特定用途。比如圭类玉器,又分大圭、珍圭、谷圭、琬圭、琰圭等种类。大圭是天子特用的圭,珍圭是召回信物或安抚难民的信物以代替天子亲临用,谷圭用于和难或用于聘女,琬圭是嘉奖之物而被象征德,琰圭是伐诛讨之信物。再比如璋类玉器,器型分大璋、中璋、小璋三种,主要用于周天子巡狩时祭祀,大璋用于祭祀大山川,中璋用于祭祀中山川,小璋用于祭祀小山川。又比如璧类玉器,是一种中央穿孔的扁平状圆形体,《尔雅·释器》载:"肉倍好谓之璧,好倍肉谓之瑗,肉好若一谓之环。"这是根据中央孔径大小与边宽比例把璧分为三类:玉璧、玉瑗、玉环,天子礼天用的是大玉璧。除此之外,还有玉琮、璇玑、玉玦、玉璜等,其用途分类亦详细明确。总体来看,周代玉器是凸显等级差别的一种尊贵的特殊工艺品。

秩序感强烈的礼乐器。周代统治者通过礼制调节社会秩序,制礼作乐,由此,大量礼乐器应运而生,从而拉开了中国传统社会造物里程中的"纳礼于器"的帷幕。"纳礼于器"解决的核心问题是周代统治秩序化问题。基于此,周代礼乐文化在周代造物过程中表现出三个明显特征:一是强调"礼治"的礼器大量出现。礼器主要用于祭祀,其场合庄严神圣,等级身份森严,因此不同层次等级的祭祀都拥有一套完整的器物体系。原本作为辅助之用的器物体系,拥有了明辨等级身份的车服、瑞节、族章、班爵等实物后,让人一目了然。《礼记·曲礼上》曰:"夫礼者,所以定亲疏,决嫌疑,别同异,明是非也。"可见"礼"重在区别,而实实在在的区别是人们日常所见的器皿用具、居住房舍、服饰佩饰、车旗鼎乐、官爵信物等器物的使用。二是周代玉器使用的垄断。从良渚文化看,玉器使用没有严格阶级划分,而到了周代,玉器成为王公贵族的专属材质。根据用途看,周代玉器分为祭祀玉器、身份玉器和佩戴玉器三类。《周礼·春官宗伯》载:"以玉作六器,以礼天地四方:以苍璧礼天,以黄琮礼地,以青圭礼东方,以赤璋礼南方,以白琥礼西方,以玄璜礼北方。"这就是祭祀六器。《周礼·春官宗伯》载:"以玉作六瑞,以等邦国:王执镇圭,公执桓圭,侯执信圭,伯执躬圭,子执谷璧,男执蒲璧。"这就是周礼中的六瑞。另外,周代开启比德为玉的贵族阶级佩戴玉器习俗,从而把玉器作为修身养性的特殊物品,并一直流传至今。三是周代纹饰风格多运用连续的带状纹样,这种主题的纹饰风格给人一种秩序感。对此,田自秉认为:"而铜器的花纹则用反复的连续,来表达其有条不紊的秩序和规律。这种秩序,和周代的礼治要求有一种间接联系。"[①]概言之,周代礼乐器物服务于"礼治",配合宗法等级制度而使用,给人一种和合的秩序感。

综合以上三部分的论述,周代一改盛行已久的殷商祭祀文化,在中华大地上建构起一套成熟的礼乐文化体系。与殷商统治者笃信鬼神的天命观所不同,周代统治者提出天命靡常、惟德是依的"以德配天"思想;与殷商统治者重视王权威严所不同,周代统治者重视敬德保民,给中国文化注入浓烈的伦理情怀;与殷商统治者通过宗教打造王权神化所不同,周代统治者通过宗法等级制度拉开了中国造物里程中的"纳礼于器"帷幕。诸如这些关键文化理念的巨大变革,在周代造物过程中都得以表现出来,并成为周人造物思维的主流价值趋向。

---

① 田自秉.中国工艺美术史[M].上海:东方出版中心,2010:58.

第四章　春秋战国时期的造物观

西周为治国安邦而建立礼乐制度,东周衰退则始于礼崩乐坏。西周所倚重的分封制在中央统治力下降后,至东周时出现列国并起、诸侯各自为政的混乱局面,周王朝名存实亡,500余年的春秋战国大动荡、大变革时期到来。急剧的社会变革引发社会贤士集体大思考,"诸子百家、百家争鸣"促进了华夏理性文化思潮兴盛。列国吞并,各路诸侯图存称霸之心昭然于世,何以可依? 唯有"民本"。因此,春秋战国时期,民本思想得以发展。《左传·哀公元年》载:"国之兴也,视民如伤,是其福;其亡也,以民为土芥,是其祸也。"这句话讲的就是国之兴亡取决于对民的重视程度和相关政策。与三代神本思想不同,春秋战国时期,"人"被重视,正所谓"天道远,人道迩",一远一近,可见端倪。春秋战国时期,列国争霸、四处动荡,人本思想、理性思维、社会转型、技术进步成为这一时期的显著特点,在造物观上呈现出多种文化圈各领风骚且相互交织的繁盛局面,大小诸侯国都有闪光点。比如,楚国具有劲健幻化的浪漫主义色彩,秦国则具有淳朴简约的现实主义作风,小小的曾国也以制器精良著称,巴蜀之地的漆器工艺独占鳌头,赵国的浑厚与韩国的优雅形成对比……在总体造物观方面,相比三代,春秋战国时期逐渐退却了三代的神秘、原始、神本的主基调,打开了华夏民族的写实、成熟、人本的造物之路。

第一节　人本主义得以弘扬:中华造物观上的重要转向

中华民族自上古社会起,就对未知的神秘世界抱有敬畏之心,至夏商时期,一切以神的意志为准则的宗教神权达到鼎盛。商纣王倒行逆施、残暴施政,边陲之周"以德配天"取而代之,初次撼动了神本思想。春秋时期,周王室日益衰微,各地诸侯并起,千国争雄的大动荡时代到来。诸侯国为了求存争霸,开始把视野转向人民。有理想抱负的君侯都致力于吸纳贤士,为社会营造了比较宽松的思想解放环境。此时"学在官学"的教育格局被打破,私学兴起,数量众多的人获得受教育的机会。战国时期,社会上出现了"诸子百家争鸣"的思想大解放,儒、道、墨、法、阴阳、名、纵横、农、杂等学派如雨后春笋般齐头并进、互相辩论,理性之光逐渐照耀世人,整个社会思想深处更多的是关注"人",而非"神"。孟子的"民为贵,社稷次之,君为轻",墨家的"爱人若爱其身",《管子》中的"慈爱百姓",荀子的"无神论"等,这些都是这个时代理性批判精神的代表。田自秉认为:"春秋战国时期在思想学术领域所出现的'诸子蜂起,百家争鸣'的空前活跃的局面,体现在工艺美术制作方面,形成巧思、清新、活泼等特色。"[①]其实,何止工艺美术,春秋战国时期的各种造物,都逐渐把目光转向写实风格、浪漫主义和实用化,在甩掉了三代时期的神秘色彩、威严杀伐和宗教化、神本色彩渐弱的同时,人本色彩渐强。

一、青铜艺术作品纹饰的主角出现"人及人的故事"

青铜艺术是先秦时期的集中代表,在神本思想的控制下,商代青铜艺术的纹饰以威严的饕餮纹、夔纹、虬纹、回纹等为主要风格,周代以抽象的窃曲纹、环带纹、重环纹等为主要风格。在纹饰中,动物、植物或几何符号是主题,或庄重严谨,或韵律秩序,唯独缺少"人"的因子。到了春秋战国时期,"人"作为青铜纹饰的一种选择,开始出现,并围绕"人"讲述了"人的故事",而非神秘的"人之外的故事"。这类青铜艺术以战国时期的宴乐渔猎攻占纹壶和水陆攻战纹鉴为代表。

宴乐渔猎攻占纹壶(如图12),高31.6厘米,兽首衔环耳壶,现存两件,其中一件出土于四川成都百花潭。整个壶自口沿至底部,被五条斜角云纹带划分为四个区块。自上而下的前三个区块中,分别描绘了采桑射礼(第一区块)、宴享乐舞(第二区块)、水陆攻战场面(第三区块)的古代社会生活场景。《小尔雅·广器》言:"射有张布,谓之侯,侯中者,谓之鹄。"此语

---

① 田自秉.中国工艺美术史[M].上海:东方出版中心,2010:85.

图 12　战国宴乐渔猎攻战纹壶

描写的就是古代射礼活动场景。壶身上有一男子束装佩剑正在选取弓材,另外四人正在列队比赛射术,前面是侯(箭靶),非常生动。壶身上还有妇女劳作场景,或采桑或运输,好不忙碌。宴乐画面中,亭榭里多人互相敬酒,旁边有下人做烧火状。而乐舞场景中,有人击磬,有人敲钟,有人打鼓,有人吹奏,载歌载舞,十分热闹。在射猎场景中,鸟兽鱼鳖或立、或游、或飞,多人做出射猎姿势,十分逼真。最为形象传神的当属水陆攻战场面,因其处于壶的下腹部的宽界面中,故人物描写最多且个个传神。一组是攻城与守城之战,攻城者踩着云梯多路而上,守城者挥舞兵器镇守,短兵相接,战斗激烈;另一组为水上之战,两只战船交织在一起,船上的人有的划桨、有的击鼓助威、有的摇旗呐喊、有的白刃相接,水中还有鱼鳖伴游,且有水兵在水中攻击,各种兵种刻画得十分传神。整个壶所凸显的场景主角是人,场景是围绕古代社会人的真实活动而讲述的故事,具有浓浓的现实味道,完全退却了神本意蕴。周若云这样说:"画面表现了战国时期社会生活的诸多侧面,是当时各国重耕战的社会政治生活的真实反映,也是青铜器艺术更新时期纹样的全新内容。从神话与宗教占统治地位到重视人自身的现实活动，正与当时奴隶制向封建制转变的社会变革相联系。"①

水陆攻战纹鉴，是 1935 年在河南省汲县（今卫辉市）出土的战国时期器物，现藏于台湾。之所以取名水陆攻战，是因为鉴的纹饰是战争题材，描写了一幅两军对垒激战的画面，有陆战，也有水战。激烈的白刃战展现了步兵交战的场景，十分情景化的仰攻战和投石战描写了攻城之战场景，战船交错、大鱼、水手塑造出一幅水战场景。整个战争场景涉及的人物有近 300 人，有的束巾待戈，有的佩剑威严，有的激烈交战，有的人头落地，有的奔走呼号，有的奋力划船，有的拉弓射箭，有的持戈进攻……场面丰富真实。这一场景与宴乐渔猎攻占纹壶的水陆攻战图主题一致，反映了春秋战国时期的永恒主题——战争。战争是人的主题，胜负掌握在人的手中，因此是对"人"的写实与重视。这些描述人的写实纹饰，并不是孤立的作品，而是春秋战国时期人本思想发展的产物，属于一类作品，代表着对人的发现与重视。

二、造玉观念中玉器的伦理化和神秘纹饰的人性化

玉由石而来，后因材质之美而独立为玉器工艺。我国玉器工艺由来已久，不论是上古时期的红山文化、大汶口文化，还是夏商，都对玉器十分钟情。从出土的文物看，这期间玉器承担着宗教仪式和权力财富的功能。到西周时期，玉器的社会功能得以扩展，在周代礼乐制度中，玉器首先具有了礼制中的"区别价值"。《周礼·春官宗伯》中载："以玉作六器，以礼天地四方：以苍璧礼天，以黄琮礼地，以青圭礼东方，以赤璋礼南方，以白琥礼西方，以玄璜礼北方。"这是祭祀过程中玉器的区别价值。而在礼制秩序中，不同身份的人用玉是有所不同的，比如王执镇圭而公则执桓圭、侯执信圭，玉器的区别价值体现得更加明确。周代重视"德"，把佩戴玉器与人的道德品性关联起来，只不过这时所讲的"君子比德于玉"是基于宗法礼制之上的"节步"。所谓"节步"是指君子走路要温文尔雅、富有节奏，

---

① 周若兰，陈霆.中国美术史图说［M］.北京：中国建筑工业出版社，2006：68.

切忌急切或慢吞吞导致玉器失去节奏而发出碰撞之声,丢失君子品性。君子长期佩戴这种成串的玉佩,形成了一种无形的约束,有助于养成有涵养的君子风度。对于宗法礼制而言,"因为这样长的佩饰,又有一定重量,在典礼仪式上贵族只有稳步按礼的规范动作行进,才能保持他的姿态沉稳,不至于把佩饰搞乱、搞坏,于是这样也才体现了贵族的仪则和风范"①。由此可见,西周时期的玉器还是偏重宗法礼制的功效,玉器是为了培养"按宗法礼制行事作为的君子之德",是为了周王室的宗法统治稳定。

春秋战国时期是礼崩乐坏的时代,诸侯国僭越之举随处可见,因而作为宗法礼制意义上的"比德为玉"失去了现实支撑,但是整个社会对玉的喜爱程度并没有减弱。从出土的文物看,玉器在春秋战国时期所占的比重还是很大的,且种类较三代更加丰富,做工更加精细。比如河南淅川下寺出土的春秋时期楚国墓中的玉器多达3000件,种类多且雕刻技法及纹饰非常精良。玉器虽然逐渐摆脱了宗法礼制的束缚,但是"比德为玉"的观念深入人心,玉器的伦理化进一步加强。玉器的伦理化主要表现在三个方面:一是玉器属性与人的道德属性相关联。一个有仁义、有信誉的人其品格上称得上洁白如玉,君子佩玉"如圭如璧"。此时的"比德为玉",是因为玉器的自然属性所具有的纯洁无瑕、温润清爽,在纹理上、色泽上、质地上、硬度上正好与人的品德"仁义智勇洁"相呼应,寓意君子之美德。"仁义智勇洁"正是中国传统儒家伦理所追求的君子品格,仁义道德、智勇双全所处理的恰恰是人与人之间的交往关系,完全称得上是人伦关系原则。二是越来越多的玉器作为陪葬品被使用,除了常见的礼器(比如玉玦、玉璜、玉璧、玉环、玉琮)外,还有墓主人生前所佩戴的或喜爱的玉器(比如玉牌、玉镯、玉佩、玉串饰、玉带、玉剑),"君子无故,玉不去身"演化为玉器与人鬼合一。这说明春秋战国时期的墓葬习俗中,用墓主人生前喜好的玉器陪葬既是对墓主人美玉品格的赞许,又是对后人在生死观上做出的终极人伦关怀。三是玉器的使用范围在扩展,玉与人的生活关联

---

① 郑师渠,王冠英.中国文化通史:先秦卷[M].北京:北京师范大学出版社,2009:374.

度提高,冲淡了三代及以前使用玉器把关注点集中在宗教祭祀上的神本观念,开始更多地关注人的现实生活与道德品质,体现出玉器使用的人文关怀。玉器作为珍贵的器物,出现了玉笄、玉带钩、玉梳、玉灯、玉串饰等,在墓葬中还出现了玉琀、玉衣片等。

三代及以前的玉器在纹饰和造型上基本服务于祭祀宗教用途,因而纹饰庄严肃穆,造型以动物为主。春秋战国时期,人们追求精雕细琢的美玉器,在风格上对原有的神秘纹饰进行人性化修改,一改三代庄严肃穆风格为灵巧多变风格。春秋战国时期的诸侯国几乎都设有"玉作",因此玉器制作工艺获得较高提升。玉器制作技艺的提升,把技艺关注点集中于如何让玉器更加具有人的审美特征,符合人的生活所需之上,而以往三代时期的玉器雕琢符号则被简化或生活化,以便于在视觉上更活泼、更具有美感。正如迈克尔·苏立文所说:"事实上,因为质地无与伦比,玉被用作剑饰、发笄、佩饰和带钩,即使一度是礼制性器物的璧和琮在这个事情也丧失了原本的象征意义而成为装饰品。"①在春秋战国时期,三代及以前的玉器上的神秘纹饰逐渐被人性化,被保留下来的纹饰(比如饕餮纹)也演化为装饰词语的一种,逐渐失去其原本的社会基础和符号指向。

三、"造物之美"广泛服务于人们的现实生活

人类在造物之初,其目的就是服务于人的现实生活,木棒、石器、骨器等原始造物直指人们的生产生活所需。在日常生活所需之外,对"造物之美"的天赋得以发挥,至三皇五帝时期,权力观出现,财富分化明显,处于金字塔尖的上层人群开始追求生活所需与造物之美的结合,社会造物逐渐进入上层人群主导造物观念的时代。三代时期,社会造物基本上脱离了人们的现实生活所需,服务于宗教仪式、神权政治、上流统治的意图十分明显。广大人民的现实生活所需的器物并没有太多被关照。到春秋战国时期,伴随民本思想产生和诸子百家争鸣的理性时代到来,"人"被重视和关照。这一时期各诸侯国也十分重视手工业发展,各种作坊与工序接近完善,《考工记》就是一个例证。广泛存在各诸侯国的造物能力推动"造

① 苏立文.中国艺术史[M].徐坚,译.上海:上海人民出版社,2014:70.

物之美"不仅服务于上流社会,也开始广泛服务于人们,"造物之美"在具有广泛使用范围的器物中使用。这包括漆器、织绣、青铜、冶陶、铁制生产工具等。

漆器,因漆树的大量种植为漆器提供了工艺所需材料,到春秋战国时期,漆器工艺获得大发展,在部分生活用器中逐渐替代了青铜器,成为人们日常生活所用常用的器具。而战国时期是我国漆器史上一个大发展、大繁荣的时代。据《中国全史:艺术卷》整理①,战国漆器品种如下表(表1):

表1

序号	类别	器具名称
1	饮食类	耳杯、豆、樽、盘、壶、鼎、勺、食具箱、酒具、盂、卮等
2	日用器皿及家具	奁、盒、匣、匜、鉴、枕、床、案、几、俎、箱、屏风、天秤、梳、笾、厘、扇柄、杖、绕线棒等
3	文具	笔、文具箱、笔架等
4	乐器	编钟架、钟锤、编磬架、大鼓、小鼓、虎座双鸟鼓、瑟、琴、笙、竽、排箫、笛等
5	兵器	甲、弓、弩、矛柲、戈柲、箭、箭箙、剑鞘、盾等
6	丧葬用具	棺、椁、笭床、木俑、镇墓兽等
7	交通用具	车、车盖、船等

从表格中的漆器种类和器型看,战国时期的漆器种类涵盖了人们日常生活所需很多领域,应用广泛。漆器多以木材为主,木材是最常见的材料,容易获取。木材制作成器后再进行髹漆即可,制作过程和材料获取都较青铜工艺要简单和省力省财,有利于在民间广泛推广使用。战国时期的漆器分布较为广泛,主要漆器生产区是楚国,出土的漆器大墓,多在楚国,比如河南信阳漆器、湖南长沙漆器、湖北江陵漆器。其他漆器生产地,比较有代表的如巴蜀地区、山西长治、山东临淄、河北平山。在河南信阳楚国大墓出土的漆器有300余件,种类涉及日用器皿(如耳杯、豆、盒、箱、勺)、家具类(如床、榻、几、俎、案)、乐器类(如瑟、鼓架)、车马饰类(如车

---

① 史仲文,胡晓林. 中国全史:艺术卷[M].北京:中国书籍出版社,2011:194.

盖、车栏、当卢）、丧葬类（如镇墓兽、木俑）。在湖南长沙楚国大墓中出土的耳杯（又称羽觞）数量最多，其纹饰主要为四叶纹和龙凤纹，十分漂亮；墓中出土的彩绘车马人物或舞蹈题材的漆奁最具特色，是当时的代表作品。湖北江陵漆器在天星观墓中就出土 2500 余件，数量十分巨大，这是北方战国墓出土漆器数量所不能及的。其中一件名为漆双凤鼓（如图 13），双兽垫底座支撑着双凤鼓架，双凤背对，双凤头悬起鼓，造型优美，是一件难得的漆器艺术精品。

图 13　战国时期的漆双凤鼓

　　春秋战国时期，纺织工艺获得发展。唐代杜甫在《忆昔二首》中云："齐纨鲁缟车班班，男耕女桑不相失。"其中的"齐纨鲁缟"讲的就是战国时期齐国与鲁国的纺织工艺的故事。据《尚书·禹贡》记载，纺织技术在兖州、徐州、青州、扬州、荆州、豫州都有很高造诣，而楚国仍是织绣技术繁盛之地，在湖北江陵马山一号墓出土了 20 件绢、1 件罗，颜色有棕、朱红、金黄、黄绿、钻蓝等 10 余种，21 件织绣品的花纹各不相同、各具特色，堪称"丝绸宝库"。在青铜工艺中，广泛使用的是铜镜，配合人梳洗时照面用。在玻璃镜出现之前，战国时期的镜子是我国铜镜史上的一个高峰。战国铜镜以胎薄、卷边、川字纽、双层纹为时代特色,纹饰中使用了四叶纹、夔凤纹、连弧纹、山字纹、双菱纹等纹饰,技术精良,纹饰丰富。春秋战国时期冶陶业同样获得发展,出现了官方经营(比如"相邦""左陶户")与私人生产(比如"陶午""文牛陶")并存的陶业格局,在浙江绍兴一带出现了原始青瓷(施釉,烧成温度可达1200℃)。此外,伴随城市建筑建设所需而出现大量的瓦当,瓦当的纹饰多样,有鸟兽纹、几何纹、星云纹、树木纹等。从考古发掘看,陶器在人们日常生活中使用广泛,壶盘鼎盆、豆杯罐碗,甚至是镇墓兽或陶俑,都大量出现陶器。冶铁技术的发展,为春秋战国时期农耕效率提升提供了工具支持。1953年在河北兴隆发掘的燕国冶铁遗址中,各种制造农具的"范",比如双镰刀范、车具范、斧范的出现说明当时的冶铁技术已广泛普及。考古发掘证明,春秋战国时期东起齐国、西至巴蜀、北达辽东、南到广东都出现了冶铁工业遗址,河南南阳、山东临淄、河北兴隆、湖北大冶等都是有名的冶铁中心,出土的器物以铁质农具为最,这说明铁器制造以服务农耕为主,使用范围很广泛,大大促进了农业和水利工程发展。

第二节　诸侯间求存图强客观上促成了造物"百花齐放"

五百余载的春秋战国,半个多世纪的列国混战,灭国、弑君、家破不计其数,各诸侯国日常思考最多的是如何求存图强的现实问题。这一时期,从春秋列国千余,到战国七雄争霸天下,最终秦国一统天下,千国归一。其间,有数不清的王侯将相励精图治,图谋天下。齐国的齐桓公、楚国的楚庄王、晋国的晋文公等在春秋时期曾名噪天下,齐、楚、燕、韩、赵、魏、秦在战国时期群雄纷争、各领风骚。漫长的列国混战不断洗礼着现实生活,列国不论大小,都非常重视通过"造物能力"来彰显国威和地位,毕竟"物"是可视可见的重要凭证,强大的造物能力可以体现出列国的领先实力。完璧归赵中的主角"和氏璧"、举世闻名的曾侯乙编钟、夹缝中求生的蔡国

"蔡侯申"青铜方壶、春秋吴国的"吴王夫差"青铜剑、三晋国家（赵、魏、韩三国之一）的鎏金银盘、魏国王室用品鎏金嵌玉镶琉璃银带钩、极其珍贵的宴乐水陆攻战铜壶、楚国盛产的各类漆器和帛画、气势恢宏的列国都城，以及工艺专著《考工记》等等，都是列国在造物上的杰出代表。春秋战国时期不仅造就了思想上的"诸子百家争鸣"，而且在客观上促成了造物上的"百家争鸣"。

一、造物观上的独特现象：都城建设堪称大小诸侯在造物能力上的角逐场

列国纷争，除了军事力量外，诸侯国的造物能力也是其相互竞争的舞台，都城则是展示本国造物能力的集大成者。建筑是列国都城造物能力的集中体现，同时也是科学技术与艺术文化的综合体。气势恢宏的都城，别具一格的建筑，高超的造物能力与辨识度强的美学风格贯穿其中，人们穿梭其中，就是诸侯国向世人展示其实力和地位的最佳选择。特别是列国不再受西周"礼制"束缚，僭越之举频繁上演，为了展示国威与地位，具有称霸实力的大诸侯国不惜人力财力，在首都建设上暗自较劲，城市建筑规模之宏大令人惊奇。拥有七万户的齐国都城临淄，城区面积超过32平方公里的燕国都城燕下都（武阳城），豪华气派的楚国都城郢，还有秦国都城咸阳、赵国都城邯郸、东周王城洛邑等，无不各具特色。

齐国在临淄建都长达600余年，齐国在春秋战国时期一直是强国，地处山东东部富庶之地，拥有盐业之利，国富民强，财力雄厚，自然在都城的建设上也走在各诸侯国前列。经考古发掘，临淄城分为大、小两个城区，小城区居于中心，城墙有7公里长，是宫殿区；大城区环在小城周围，城墙是小城区城墙的2倍，是平民生活区和手工业区。整个城区依水而建，东西两侧是淄水和泥河，两条河流为整个都城提供了充足的活水和东西侧的天然屏障。没有天然河流的南北方向则挖有壕沟，这是基于军事防护的考虑。大城区与小城区之间有四个方位的大门相连接，大城区与外界也有四个方位的大门相连接，交通干道与大门互通；大城区有手工作坊遗址，小城区有高14米的"桓公台"，这些都说明临淄都城规划合理且科学，而规模之大足以超越东周王城洛邑，则说明齐国在都城建设上不再满足

于诸侯国之需求,而是通过临淄城建设向天下展示强盛实力和称霸天下的野心。

燕国虽不处于战国时期最强的列国行列,但是其都城燕下都遗址是迄今为止发掘出的战国都城中最大的一座。燕下都也是依水而建,依据中易水和北易水的天然屏障,中间广阔的平地是建都良址。燕下都中间有一道厚厚的城墙将其分割为东、西两座城。东城为宫殿区,四周用厚实的城墙包裹,周长有 18 公里,墙基宽 40 米。西城为郭区,西、北、南侧是三道城墙,周长略比东城短,约 14 公里,墙基宽同为 40 米;其东侧是运粮河,与东城连接。运粮河既起到隔开两城之用,又能连通水运,设计巧妙。燕下都除了宏伟的建筑外,最引人瞩目的是高台建筑群。城内已确认的高台建筑多达 50 余个,最高的武阳台宽 110 米,层高达 140 米。各类高台建筑群错落有致、高低相映、气势宏伟,其豪华排场足可见燕国展示自身实力的用意。

楚国因在春秋战国时期有广阔的疆域和繁荣的文化经济而闻名天下,楚国都城郢都建设得庞大、豪华、有排场。其都城遗址水陆城门就有 7 座,高台建筑有 100 余处,下水道设计巧妙实用,城区功能齐全。《楚辞·招魂》中描述郢都的宫殿:"高堂邃宇,槛层轩些。层台累榭,临高山些。网户朱缀,刻方连些。……仰观刻桷,画龙蛇些。坐堂伏槛,临曲池些。"高楼栏杆,台馆层叠,溪涧入景,金碧辉煌……可见当时的楚国宫殿多么奢华宏伟、设计巧妙。

除了上述的齐国临淄、燕国燕下都、楚国郢都外,东周王城洛邑据《汲冢周书》载"城方千七百二十丈",被项羽付之一炬的秦国都城咸阳虽破坏严重而不可考证,但其规模可想而知一定是更加庞大。

因春秋战国 500 余年连绵不断的战争动荡,大小诸侯国特别注重都城建设的军事需要,同时也注重政治图谋与经济利益。城墙、河流、壕沟是必备的,宫殿与工商业区合体而不合区的设置是有经济考量的,宏大气势的炫耀暗藏着自身实力展示的政治图谋。列国把都城建设作为图谋天下、宣扬实力的角力场,所以大小诸侯国不惜财力人力,在社会上营造了一种奇特的造物时代特质,即为了展示实力而去追求极致的造物能力。

在造物观上形成一种趋向,即都城建设就是要追求恢宏规模、奢华排场、精工造诣。

二、整个时代造物缩影:曾侯乙墓器物展现的造物实力

曾侯乙墓是春秋战国时期曾国国君乙的墓葬。曾国,在学界是一个有争议的诸侯国,在常见的春秋战国文献记录中未见"曾国",都是以缯或鄫国记载。而在出土墓葬群和文物铭文中,却是"曾"字开头的诸侯国名。引起更大争议的是,在《左传·定公四年》中记载了吴国攻破楚国都城郢都后,楚昭王奔随逃难的历史,随国以楚"世有盟誓"据理力争而退吴国,"吴人乃退。……王割子期之心,以与随人盟"①。这说明是随国保护了楚昭王,而在曾侯乙墓出土的一件刻有 180 多个铭文的编钟上,则记载了吴王伐楚致使楚昭王逃难至曾国的历史,而据考证曾国政治中心也在湖北随州,与随国一致。因而,一个文献记录中未见的"曾国"在大量出土的"曾国"器物例证面前,展现在世人面前,曾、随之谜也随之而来。学界对此争论有别,但普遍认为曾、随是一国的两个名字,即曾、随实际上是一个国家。在湖北随州墓葬群中出土的器物中,绝大多数是"曾"字铭文记载,也有一件春秋晚期曾国墓葬品刻铭文"随大司马献有之行戈"的戈,也在侧面例证了曾、随是一国。

从文献记载和曾国墓葬群出土文物看,曾国在春秋早期还是一个有实力的较大的诸侯国,到了春秋末期至战国早期逐渐没落,变成了楚国的附属国,最终因实力太小而入不了史册文集,其政治经济中心在湖北随州。曾侯乙(约前 475—约前 433)是战国早期时的曾国侯,在位约 30 年,是一位励精图治、有所作为的君侯,其最出名的是曾侯乙墓。1978 年在湖北随州擂鼓墩发现曾侯乙墓,出土各类各式文物 1.5 万余件,其中不乏国宝级文物。整个墓室呈"卜"字,分东、中、北、西四个墓室,东室是墓主埋葬地,西室是陪棺处,北室是兵车马器等,中室放置礼乐器等。通过墓室设置看,小小的曾国具有很高的造物技术,大量陪葬的礼乐器、金银器、车马器、漆器、兵器、青铜器、竹简和彩绘画等展示了曾侯乙广泛的爱好和曾

---

① 左丘明.春秋左传[M].天津:百花文艺出版社,2015:383.

国的造物实力。

被誉为"国之瑰宝"的曾侯乙编钟(如图14)有2.73米高、10.79米长,共分3层8组悬挂,由65枚器件组成。整套编钟完整无缺失,做工精良,音质上乘,上架效果宏伟大气,堪称青铜乐器的典范。整套编钟在技法上采用了阴刻、圆雕、彩绘、浮雕等,对编钟铸造的钟壁厚度和形状设计要求达到苛刻程度,每一枚钟上都标有音名,中下层钟还配有乐律,至今仍能演奏出绝佳的音效。整套编钟刻有铭文3755字,是研究中国古代音乐及乐律理论的重要文本材料。制造如此准确精良且具有交响乐效果的系统性编钟,是需要技术、乐理和财力支撑的。

图14 春秋时期曾侯乙编钟

蟠虺纹铜尊盘是曾侯乙墓出土的一件尊与盘二合一的青铜精品,样式精巧繁缛,纹饰复杂瑰丽,其尊盘口沿的镂空是用"失蜡法"熔模铸造,反映了当时曾国高超的青铜铸造能力。

被誉为最早冰箱的青铜冰鉴也是曾侯乙墓出土的极其珍贵的青铜器(共出土两件造型、纹饰和大小相同的冰鉴),青铜冰鉴是由方鉴和方尊缶组成,方鉴在外,方尊缶在内,中间留有一定空隙,可以在盛夏时放入冰块,则方尊缶内的酒或水就凉爽无比,堪比冰箱。整个青铜冰鉴的外表华丽,造型独特且厚重,结构合理且设计精巧,反映了曾国手工业的造物水平。

　　曾侯乙墓出土的一对青铜缶，被称为酒器之王，因为每个青铜缶有600 余斤重、1.2 米高，缶口直径都接近半米。如此巨大的青铜缶是考验曾国青铜铸造技艺的试金石，通过缶身上留下的铸接痕迹判断，应该采取了分段铸造后再铸接上的方法。除了铸造方法外，青铜缶的纹饰也非常精美，充分运用了蟠螭纹、涡纹、雷纹、蕉叶纹、重环纹、带纹等纹饰法，样式多而整齐划一。出土时还有酒液残存，这说明其存酒性很好，是技术高的一个重要表现。

　　在曾侯乙主墓室内出土的十六节龙凤玉佩，是精心设计制造的成套玉佩器物，全长近半米，由 5 组连环玉佩用 4 个银挺玉插入连接而成。纹饰多为夔龙纹，采用镂空技法雕琢，在战国时期实属玉雕瑰宝，说明曾国的制玉技艺也十分高超。

　　云纹金盏是难得的春秋战国金器，造型应该是仿造青铜盏，在盏内配套一件金汤匙，器型端庄稳重，纹饰较为丰富，在青铜器时代，此金器说明曾国在造物用材方面力求多元化思维。

　　曾侯乙的青铜架楠木彩绘棺本身就是一件造物精品，从选材到彩绘，从漆器到工艺都是小小曾国强大造物能力的体现。

　　曾国是周朝时期的分封国，以周王朝正统自居。周朝以礼乐制度著称，因此曾国也特别注重礼乐器的制造。曾侯乙墓葬以九鼎八簋和礼乐器而闻名天下，不过其所使用的九鼎八簋是天子规格，诸侯属于僭越，这反映了春秋战国时期，诸侯列国既遵循周朝的礼乐制度，又在求存图霸之心的驱使下而不断僭越礼乐制，导致春秋战国时期的"礼崩乐坏"。从曾侯乙墓出土的 1.5 万余件器物看，处于附属国地位的曾国，不论疆土、人力、经济都无法与战国七雄相比，以至于史书文献都没记录曾国，但是如此强大的造物实力却让人赞叹不已。小国都如此努力，整个春秋战国时期列国图谋天下之心比比皆是，曾侯乙墓展现的造物实力就是整个时代造物观上的一个缩影——即通过造物实力展现自我的强大，在求存图霸过程中获得一席之地。这是春秋战国时期在造物观上的一个独特趋向，造物目的与求存图霸紧紧联系在一起。当然，这在客观上促进了春秋战国时期的造物"百家争鸣"。

三、《考工记》的造物智慧

《考工记》在中国造物史上属于开天辟地之作,是一本专门研究造物技术的书籍,其作者不详,根据文本内容看,应该是一个时代造物智慧的结晶。闻人军认为:"《考工记》的内容绝大部分是战国初年所作,有些材料属于春秋末期或更早,编者间或引用周制遗文;在流传过程中,已有所增益或修订。然从总体上说,《考工记》采用齐国的度量衡制度,引用不少齐国方言,大部分记载能和战国初期的出土文物资料相互印证,不妨称之为战国初期齐国的官书。"①可以讲,没有春秋战国时期的造物"百花齐放"就没有《考工记》。《考工记》字数7100余,但其内容丰富、信息量巨大,通篇都是讲造物技术。开篇述"国有六职,百工与居一焉",直言"百工之事",又提出了"天有时,地有气,材有美,工有巧。合此四者,然后可以为良"的造物理念,总结介绍了当时的造物工坊的主要类别:"凡攻木之工七,攻金之工六,攻皮之工五,设色之工五,刮摩之工五,抟埴之工二。攻木之工:轮、舆、弓、庐、匠、车、梓;攻金之工:筑、冶、凫、栗、段、桃;攻皮之工:函、鲍、韗、韦、裘;设色之工:画、缋、钟、筐、慌;刮摩之工:玉、栉、雕、矢、磬;抟埴之工:陶、瓬。"②

据此,可从六个造物系统对春秋战国时期的造物智慧进行解析。一是制车系统,以轮人、舆人、辀人和车人等为代表,详细介绍了木制马车、古代农具耒的造物工艺与尺寸规范。二是铜器铸造系统,以冶氏、桃氏、筑氏、段氏、栗氏等为代表,其记述的"金(即青铜)有六齐"的冶炼青铜配方,是长期冶炼技术的理论总结,而"铸金之状"是冶炼青铜时依据火苗颜色变化把握火候的技术。三是兵器护甲系统,以弓人、桃氏、函人、冶氏、庐人等为代表,春秋战国混战半个多世纪,战争所需的兵器和护甲是造物工艺必须要解决的现实问题,书中记载了常用的戈、剑、戟、矛、弓、殳等武器的大小比例和结构特点,十分科学。四是礼乐饮射系统,以梓人、玉人、

---

① 闻人军.考工记译注[M].上海:上海古籍出版社,2008.
② 闻人军.考工记译注[M].上海:上海古籍出版社,2008:10.

鞟人、钟氏、画缋、凫氏等为代表,对常用的礼乐饮射器物的设计色彩及工艺科学进行了描述,比如凫氏制钟。五是建筑水利系统,以匠人为代表,主要是建造都城、兴修水利时所需各类技术,比如水平法测量地平线。六是制陶系统,以陶人、旊人为代表,书中详细介绍了甗、簋、豆、盆等器物的形制,少量介绍了陶瓷工艺。①

《考工记》中的造物智慧是整个时代的缩影,是造物"百花齐放"的理论总结。其行文间还透露出天人合一思想,具有人是工艺之主的人本思想,兼有技术是造物之精的科学精神。因此,春秋战国时期不仅有战争,还有造物;不仅有理性之光,还有造物转向;不仅有诸子百家争鸣,还有造物百花齐放。

① 闻人军.考工记译注[M].上海:上海古籍出版社,2008:前言.

第五章　秦汉时期的造物观

秦汉是中国造物观史上又一个繁盛期,造物中实用与美学、人与神并存。之所以把秦汉作为一个时期,是基于秦汉都是主张大一统的中央集权政治。秦朝于公元前221年建立,15年后就灭亡,之后是400余年的两汉政权,而在秦朝大一统之前是500余年的列国混战期,所以秦汉各自立国时都需要面对曾经大分裂、大动荡、大混战半个多世纪的春秋战国留给新政权的挑战。这种挑战是秦汉所共同面临的现实问题,因而秦汉时期造物观的共通之处就在于"大一统的需要"。秦汉时期,聚拢人心、加强中央集权、维护大一统是历代君王所思虑的大事件,内部要谨防地方势力对中央权力的威胁,外部要抵御匈奴的侵袭与骚扰,大一统下是内忧外患的安危思虑。为了大一统,秦汉在文化政策、治国思想、行政管理等方面可以讲是兢兢业业、力求作为,法家、道家、阴阳家、儒家都成为实践对象。秦朝用法典维护中央集权,严重忽略了中国社会结构特征和人文伦理关怀,二世则亡。汉朝内扬道家外用儒家,依靠宗教化的儒家思想治国,顺应了中国社会宗法伦理,取得了两汉400余年统治,应该说是成功的。"维护大一统"是秦汉所有问题的根源,秦汉造物观自然是服务于此的,不过,秦汉时期的造物观相比较先秦时期,最大的进步是"高扬人的现实生活"。秦朝开启"追求长生不老之药的实践活动",在社会上刮起了"活求长生、死求永生的神仙造物观",汉朝"成教化、助风俗",在社会上刮起了"恶以诫世、善以示后"的伦理造物观。

第一节　秦朝文化专制主义造物观

秦国励精图治上百年才荡平四方、一统天下，自然深知 500 余年大分裂带来的危机与挑战。朱绍侯在《中国古代史（上册）》中谈道："公元前 221 年，秦国在统一六国后就着手建立和健全专制主义中央集权的国家机器，以巩固其对全国的统治。"①维护专制主义中央集权是秦朝 15 年统治的最大特点，兴于此亦亡于此。基于此，秦朝造物观表现出十分明显的文化专制主义特质，这一特质表现在两个大方面：一是"大一统举措"下的各式造物；二是活求长生、死求永生的神仙造物。

一、"大一统举措"下的各式造物

明代李贽在《史纲评要·后秦纪》中称赞秦始皇"天崩地坼，掀翻一个世界"。秦之前是大动荡、大分裂 500 余年的春秋战国，各国行政制度、文化习俗、语言文字、度量衡、货币、车轨等都大不相同，这是"大一统"要解决的现实问题，而人心不齐、规矩不一、秩序不定则是"大一统"要解决的政治认同问题。要维护"大一统"，就必须加强中央集权，统一规则与秩序。秦始皇把上古社会传说中的三皇五帝的称号合并在一起，创立至高无上的皇权名词"皇帝"，权威化、唯一化了"称谓之朕""颁令之诏""用印之玺"，还废除了"子议父、臣议君"的政治惯例，在管理体制上设置郡县制。他在各领域开启了"大一统"系列举措，形成"大一统举措"下的各式造物，比如统一文字、统一货币、统一度量衡、统一车轨、统一思想……

秦灭六国后，在全国统一货币。在中国国家博物馆收藏有秦统一货币时使用的下币——圆形方孔的青铜钱，钱面上铸有篆书阳文"半两"，因实重就是秦衡制中的半两，故又称"重如其文"。一并收藏的还有两个半陶钱范，即用于铸造钱币的模子。据载，秦朝统一规定货币分为两等：黄金是上币，以镒（重 24 两）为单位；青铜钱是下币，以半两（规定重 12 铢，

① 朱绍侯，张海彭，齐涛. 中国古代史：上册［M］. 福州：福建人民出版社，2004：174.

实为4—5铢)为单位。秦朝不仅统一了货币的形制、重量等外观品质,还通过立法来管理货币的铸造、收藏和流通等行为,特别是在铸造上严禁私自铸造行为。据湖北云梦睡虎地出土的秦简《封诊式》中记载:名为"丙"和"丁"的人因私自铸造钱币而被捕,并搜出盗铸钱币的钱范一副。这个史实说明秦朝严禁私铸钱币,国家掌握钱币铸造权。而同时出土的《关市律》中记载了收纳钱币的法律,要求商贩出售货物或替政府出售货物所得钱币要投入一个无法取出的扑满中,否则就罚缴铠甲一件。而同时出土的《金布律》中还对有关收藏、使用和流通钱币进行了立法,对官府钱币采取主管丞、令负责制,对老百姓交易中使用钱币提出"不论钱质量好坏均需流通"的使用原则。这些说明秦对于钱币在流通、使用等领域也有统一的规定。

秦灭六国后,在全国统一度量衡。春秋战国时期,各诸侯国的度量衡各不相同,不统一带来的经济生活不便问题十分突出。秦始皇颁布统一度量衡的诏书,有的诏书直接刻在器物上,有的镶嵌在铁权上,成为秦朝统一度量衡的明证。铁权就是民间说的秤砣,其材质广泛,尤以铁制的权为多,造型多样。《汉书·律历志上》中载:"权者,铢、两、斤、钧、石也。所以称物平施,知轻重也。"可见,权的主要用途是"知物之重量"。古代用来确定"物之重量"的器物系统通称为衡,运用的是杠杆原理,横杆上放的可移动重物就是权。现藏于山东省烟台市博物馆的秦嵌铜诏版铁权(如图15)就是一个典型例证,这件铁权于1973年5月13日出土于山东省文登县(今威海市文登区)苘山公社新权村,通体呈现半球形,平底,直径有24.7厘米,体高20.5厘米,重达32.5公斤,顶部有半环形权鼻,形态敦实朴素。铁权为铁材质,侧面镶嵌铜诏版,铜诏版是这件器物的精华部分,呈长方形,长约11厘米,宽约8厘米,上刻有秦王政二十六年(前221)诏书内容,采取竖排格式,分9行共计40个字。其文为:"廿六年,皇帝尽并兼天下诸侯,黔首大安,立号为皇帝,乃诏丞相状绾,法度量,则不壹,歉疑者,皆明壹之。"无独有偶,1983年在今甘肃天水市秦州区也出土了一件秦青铜诏铁权,铁权一侧镶嵌青铜诏版,用阴刻手法书写6行40字的篆书,其文为:"廿六年,皇帝尽并兼天下诸侯,黔首大安,立号为'皇帝',乃诏丞

图 15 秦嵌铜诏版铁权

相状绾,法度量,则不壹,歉疑者,皆明壹之。"两件铁权上的诏书文字内容基本一致,说明当时通过铁权上的诏书来促使全国度量衡统一的做法是秦朝的一项举措。为了保证度量衡推行和校准度量衡使用情况,秦始皇采取了很多措施,比如设立专职校正的机构和工匠,规定校正时间,制定了相关法律文书。湖北云梦睡虎地出土的秦简《效律》中就有详细的按律制裁不严格执行度量衡的规定,对石、桶、斗、钧、斤、升、参、权等不准确,具体到误差多少时应该做何制裁或惩罚都十分明确。

秦灭六国后,在全国推行"书同文"制度。从春秋战国出土文物看,各诸侯国的文字的书写方法、体例不一,繁简并存,"一字多体"给社会交流带来严重障碍,秦朝需要解决这个现实问题。据传,秦朝丞相李斯等人建议废除各国古文,以秦国大篆籀文为基础改定的秦篆为统一文字版本,并书写《仓颉篇》《爰历篇》《博学篇》三书为范本,推广天下。秦朝"书同文"之后,流于后世的作品以"秦四山刻石"为著,即《峄山刻石》《泰山刻石》《琅琊刻石》和《会稽刻石》。位于山东省胶南市(今属青岛市黄岛区)琅琊山上的《琅琊刻石》,现存残石藏于中国国家博物馆内,据传为李斯所书。据《琅琊台志》整理,刻石内容为:"维二十六年,皇帝作始。端平法度,万物之纪。以明人事,合同父子。圣智仁义,显白道理。东抚东土,以省卒士。事已大毕,乃临于海。皇帝之功,勤劳本事。上农除末,黔首是富。普天之下,抟心揖志。器械一量,同书文字。日月所照,舟舆所载。皆终其命,莫不得意。应时动事,是维皇帝。匡饬异俗,陵水经地。忧恤黔首,朝夕不懈。除疑定法,咸知所辟。方伯分职,诸治经易。举错必当,莫不如画。皇帝之明,临察四方。尊卑贵贱,不逾次行。奸邪不容,皆务贞良。细大尽力,莫敢怠荒。远迩辟隐,专务肃庄。端直敦忠,事业有常。皇帝之德,存定四极。诛乱除害,兴利致福。节事以时,诸产繁殖。黔首安宁,不用兵革。六亲相保,终无寇贼。欢欣奉教,尽知法式。六合之内,皇帝之土。西涉流沙,南尽北户。东有东海,北过大夏。人迹所至,无不臣者。功盖五帝,泽及牛马。莫不受德,各安其宇。维秦王兼有天下,立名为皇帝,乃抚东土,至于琅琊。列侯武城侯王离、列侯通武侯王贲、伦侯建成侯赵亥、伦侯昌武侯成、伦侯武信侯冯毋择、丞相隗状、丞相王绾、卿李斯、卿王戊、五大夫赵婴、五大夫杨樛从。与议于海上。曰:'古之帝者,地不过千里,诸侯各守其封域,或朝或否,相侵暴乱,残伐不止,犹刻金石,以自为纪。古之五帝三王,知教不同,法度不明,假威鬼神,以欺远方。实不称名,故不久长。其身未殁,诸侯倍叛,法令不行。今皇帝并一海内,以为郡县,天下和平。昭明宗庙,体道行德,尊号大成。群臣相与诵皇帝功德,刻于金石,以为表经。'"①此碑文主要是歌颂秦始皇统一天下的功绩及诸臣工议立刻碑之事。从造物角度看,小篆书写刻碑是"书同文"的力作,昭示着"大一统需要"。

综述之,秦朝统一天下,以维护中央集权为出发点,制定了多项规章制度,不论是书同文,还是车同轨,都需要对造物标准重新洗牌,先破(六国制)后立(秦制),在造物观上表现出"大一统需要"的造物趋向。中国艺术研究者英国人迈克尔·苏立文在谈及秦朝时指出:"旧封建贵族被剥

① 山东省胶南市《琅琊台志》编纂委员会.琅琊台志[M].济南:齐鲁书社,1997:81-82.

夺了财富,被迫移居陕西。文字、度量衡和车辙都实现了严格的统一。最重要的是,秦始皇建立了高度中央集权的君主专制制度。"①在其有点缺少逻辑的三句话中,我们能够读出其中隐含的逻辑链条是"统一天下需要加强中央集权,加强中央集权需要在曾经分裂的各个领域实现大一统"。

二、活求长生、死求永生的神仙造物

从统治时长看,秦朝属于短命王朝,二世而亡,15 年的治世而已,但从"秦始皇"三字看,秦朝所期望的是万世永长。秦始皇雄才大略建立了不世之功,生前曾寻求长生不老之药,死后驾驭着气势如虹的地宫王朝,从中可以窥见秦朝对专制王权做出"最大努力的维护与延续",在造物观上表现出"活求长生且死求永生的神仙造物"取向。求仙问道是凡人突破"生死极限"的现实努力,但是秦始皇不是一般的凡人,他是秦朝始皇帝,掌握着国家军政财大权,具有强大的调动能力。田自秉对此谈道:"秦政府不仅修筑了举世闻名的万里长城,而且修筑了非常豪华的宫殿和坟墓。这种集权的政治制度,反映在工艺生产上是它的统一性和巨大性。从始皇陵出土的大量陶俑看,制造宏伟,规模庞大。"②可以讲,举世闻名的秦长城,绵延不断的阿房宫,规模宏大的兵马俑都是秦统治者用凡人之力、举国之财所做出的"活求长生而死求永生的神仙造物"的最大努力。这些造物规模越宏大,就越能说明秦朝王权政治越专制。因为没有王权专制作为保障,就无法成就秦朝宏大造物的统一性和巨大性,就无法做到求仙问道式的神仙造物奇迹。

秦朝建筑以"高、大、多"著称于中国古代建筑史。据《史记》记载,秦朝皇家宫苑、离宫别馆、皇家园林数量众多、绵延不断,广殿层台,规模宏伟。宫苑就有关中 300 所、关外 400 余所,离宫别馆依托地势地貌而建,最具代表性的要数以咸阳为中心,沿着渭水两岸而建的宫殿园林建筑群,其中就有阿房宫、六国宫殿、信宫等。阿房宫是最著名的一个,它建于公元前 212 年,毁于秦末战火,如今只有阿房宫遗迹留存于西安市西南古城

---

① 苏立文.中国艺术史[M].徐坚,译.上海:上海人民出版社,2014:72.
② 田自秉.中国工艺美术史[M].上海:东方出版中心,2010:87.

村。《史记·秦始皇本纪》对阿房宫这样描述:"乃营作朝宫渭南上林苑中。先作前殿阿房,东西五百步,南北五十丈,上可以坐万人,下可以建五丈旗。周驰为阁道,自殿下直抵南山。表南山之颠以为阙。为复道,自阿房渡渭,属之咸阳,以象天极阁道绝汉抵营室也。"①从描述上看,不论是占地面积,还是建筑主体规模,阿房宫都可谓宏大。阿房宫依托了地势地形之巧,运用了求仙问道中的"天极"以达神仙造物目的。秦宫殿不仅布局宏伟,而且装饰有丰富多彩的壁画。据出土的秦宫殿遗址看,壁画色彩有黑、黄、大红、石绿、石青、朱红等,尤以黑色最多,各色相配,色彩缤纷。在秦宫3号宫殿壁画上绘有《车马出行图》《树木图》《仪仗人物图》《楼阙建筑图》《麦穗图》等,绘图中有人物、车马等。这说明,秦宫殿装饰十分金碧辉煌。唐代诗人杜牧的《阿房宫赋》中赞誉道:"五步一楼,十步一阁,廊腰缦回,檐牙高啄,各抱地势,钩心斗角。"其中对阿房宫的豪华之气、气势之庞、韵味之足的评价,可谓溢于言表。"总之,秦代宫殿建筑数量众多,规模宏伟,广殿层台,复道横空,覆压关中数百里原野,在中国建筑史上是空前的壮举。"②当然,规模庞大的还有秦朝长城,其长度过万里,东起辽东,西至临洮,蒙恬役使30万工匠在原六国修筑的长城的基础上,使之相连,以抵御匈奴之患。

秦朝留给后世最震撼的莫过于秦始皇陵了,它是世界地下陵墓之最,犹如地宫王朝。《史记·秦始皇本纪》载:"始皇初即位,穿治郦山,及并天下,天下徒送诣七十余万人,穿三泉,下铜而致椁,宫观百官奇器珍怪徙臧满之。令匠作机弩矢,有所穿近者辄射之。以水银为百川江河大海,机相灌输,上具天文,下具地理。以人鱼膏为烛,度不灭者久之。"从描述看,秦始皇陵是一个万象俱全的地宫王朝,秦始皇活着的时候驾驭四方、一统天下,开秦朝万代基业之始,拥有绝对的权力与尊享。他一边派人寻找长生不老药,一边又役使几十万劳役为其修建地宫王朝,表现出浓厚的"永生

---

① 司马迁.史记[M].长沙:岳麓书社,2001
② 郑师渠,许殿才.中国文化通史:秦汉卷[M].北京:北京师范大学出版社,2009:368.

永享永驾驭"的神仙思想。因而秦始皇要建的地宫王朝,一定要参照人间万物之精华而造,江山河流、战车兵将、天文地理等都要追求接近真实,即使求长生不老之术失败,他也要在地宫王朝继续执掌大权,达到永恒。这是标准的"活求长生、死求永生的神仙造物"。从已出土的秦始皇陵兵马俑1—4号坑来看,其位置距陵墓中心还有3里路,应属于陪葬坑,而不是主陵。《史记》所述的江河山川、天文地理还没有出土,等技术允许,主陵展现于世人时,其影响力要远远超过兵马俑1—4号坑,尽管兵马俑1—4号坑已经让世界为之震惊。

《吕氏春秋·节丧》有言:"国弥大,家弥富,葬弥厚。含珠麟施,玩好货宝,钟鼎壶鉴,舆马衣被戈剑不胜其数,诸养生之具,无不从者。"这部由秦国丞相吕不韦主持编写的《吕览》,客观上反映了秦朝厚葬之风和养生求仙之气,深深影响到了秦朝的造物观念。秦始皇是一国之君,要建的地宫王朝一定要不同凡响,应有尽有。从出土的秦始皇陵兵马俑1—4号坑看,唯有震撼二字可概括。秦始皇陵兵马俑1987年被联合国教科文组织誉为"世界第八大奇迹",自面世以来,已经作为我国古代文明的名片,先后有200余位各国首脑或政要参观。秦始皇陵兵马俑有极高的艺术价值和史料价值,在1号坑中就出土兵马俑8000多个(如图16),其左右两侧

图16　秦始皇陵兵马俑1号坑

还配有 2 号、3 号两个兵马俑坑。4 号坑有坑无俑,估计是未完成的工程。兵马俑中有车兵俑、立射俑、跪射俑、武士俑、军吏俑、骑兵俑、驭手俑、车马、鞍马等。兵马俑属于大型雕塑作品,多采用陶冶烧制法烧制,并施以色彩明亮的彩绘,十分艳丽逼真。秦始皇陵兵马俑的最大特点是逼真,不论从造型、色彩还是比例上看,都与真实秦军一致,而且每件作品都千姿百态、几无雷同,如此巨大的雕塑群能做到这一点十分难得。可以讲,秦始皇陵兵马俑以整体上的宏伟庞大规模,以每件雕塑作品具有的独特艺术价值和战斗状态塑造出捍卫主陵的气势,赢得世人无尽的赞誉。1979年 9 月,丹麦女王玛格丽特二世在参观秦始皇陵兵马俑后感慨道:"我搞了十几年考古,也到过欧洲许多国家的考古工地,从来没有见过这样振奋人心的场面,这里的一切,给我留下了永恒的纪念。"这一场面的确震撼,但这只是秦始皇陵的一小部分而已,完整的秦始皇陵将无法用语言形容。

第二节 汉代"儒家与道家二元对立与融合"的造物观

汉政权自成立之初至分化瓦解,一直受到三个因素左右:一是面对曾经分裂半个多世纪的中国(秦虽一统天下,却 15 载而亡),如何做到聚拢人心;二是面对皇亲贵族的特殊权力,如何做到中央集权;三是面对边疆少数民族,如何做到安定四方。汉政权经历 400 余年之久,在维护"大一统"方面做了很多尝试,吸取了暴秦速亡的教训,深谙春秋战国长期大动荡、大分裂的症结所在,在人心聚拢、思想观念、政治制度、民族政策、文化走向等方方面面做出了"有利于形成和维护汉民族文化"的策略,大体确立了中国古代文化的基本走向和造物价值取向。中国古代文化是以儒家为主体、道佛为辅的融合文化,儒家重视现实生活而充满乐观向上的伦理温度,道家重视生命本我而高扬明哲保身的哲学智慧,佛家重视生死轮回而诠释大彻大悟的终极关怀。汉代社会思想是儒道二元对立与融合,夹杂着法、阴阳、谶纬之学,还传入了天竺佛学。汉代时期的儒道,已经与先秦儒道有了差异,发生这一差异的根本原因在于服务"大一统需要"。儒家经历了神学化,道家经历了宗教化,都是为了阐明王权专制的合法化。儒家运行于社会而安定伦理秩序与等级稳定,道家运行于谶纬而收拢人心与终极关怀,二者在不同领域发挥着共同的作用,均起到安邦定国之效。二者之所以对立是因为学说有别,二者之所以能够融合是因为"大一统需要"。不同于上古先秦时期宗教神学超越人的现实生活,汉代社会高扬人的现实生活,儒家经历的神学化和道家经历的宗教化并没有改变儒道学说之根本和主体,仍然是从"人"出发的学说体系。因此,汉代"儒道二元对立与融合"在造物领域就表现出基于人之上的造物文化,要么如儒学倡导人伦教化,要么如道家追求长生不老,起点都是"人"。所以,汉代造物呈现出社会功用之朴与求仙问道之奢的双重特点,又具有统一的造物观指向,即服务大一统需要,旨在重塑人们内心世界的秩序。汉代,起于秦朝的"求仙问道之风"经久不息,新开启的"成教化、助风俗"在社会上又刮起了"恶以诫世、善以示后"的伦理造物观。

一、充满政治教化的伦理造物

汉代用于安定社会、重塑秩序、治国安邦的思想武器是儒学。汉初用黄老学说作为秦暴政而亡之教训的回应,休养生息并安定民心,但在治国安邦过程中无法形成一套行之有效的文化思想,所以到汉武帝时期,大儒董仲舒运用春秋公羊学的"大一统"对儒学重新解读。他引入阴阳五行说,宣扬三纲论点,创立天人合一的宇宙观,强调封建统治的永恒秩序,为封建最高统治者的合法化进行辩护,受到汉武帝赏识。"儒家学说强调由亲亲及尊尊,以放大血亲联系的方法,维护封建社会的等级金字塔结构,十分适合巩固大一统政权建设的需要。"[①]正是出于这种需要,最终汉武帝把儒家思想确立为封建统治的主导思想,并特别重视造物中的政治教化,比如汉代画像石砖、丝织工艺。

汉代画像石砖以石块为雕刻材料,主要用于墓室、石碑、祠堂、石阙,其起源于西汉,流行于东汉,是汉代最具有时代特征的造物品。汉代重

---

① 郑师渠,许殿才. 中国文化通史:秦汉卷[M]. 北京:北京师范大学出版社,2009:17-18.

丧,厚葬之风浓厚,汉代画像石砖就是这一风气的产物,尤以山东、四川、河南、江苏最为突出。画像石题材比较广泛,有的反映农耕现实,有的反映人物事件,有的反映社会百态,有的反映神话祥瑞,其中最引人注目的是充满政治教化的历史故事或历史人物。位于山东长清孝里铺的孝堂山郭氏墓石祠,绘画内容广泛,在东壁画像的第四层绘有周公辅成王的故事,讲的就是周武王的弟弟周公辅助侄子周成王,后还政成王的忠臣故事。位于江苏铜山的神农治水画像石,绘有神农氏执耜牵鸟,体现农业始祖形象,以及大禹子承父志治水的励志故事,都在歌颂祖先神。位于山东嘉祥宋山村的嘉祥武氏祠最为丰富和最具代表性,祠的东墙画像刻画了三皇五帝等半神半人的祖先崇拜对象,还刻画了孝子事迹与经典故事,祠的西墙画像刻画了烈女事迹、孝子故事、刺客故事等,祠的北墙画像刻画了烈女故事、孝子故事等,整个武氏祠就是一部经典的政治教化教科书,包含了三皇五帝等祖先崇拜的经典人物,三州孝人、董永佣作侍父、闵子骞失棰、义浆羊公、伯俞泣杖、田章孝母、朱明友悌、邢渠哺父等孝子事迹大全,代赵夫人、秋胡戏妻、京师节女、梁节姑姊、梁高行拒聘、楚昭贞姜留守渐台等烈女贞洁故事汇。据不完全统计,出现在汉代画像石砖中的各类帝王、诸侯、圣贤名臣、孝子、烈女、义士等人物近百位,讲述的各类故事超过五十个,这些故事或人物是经过精心挑选的,其核心是儒家思想所颂扬的"以古为师、以善为鉴、以恶为戒"的忠孝仁义、礼智信节的榜样,充满了政治教化的目的。汉统治者希望通过这些政治教化达到肃清社会风气、重塑人们内心伦理秩序的目的。

　　汉代丝织业发达,官营与私营齐头并进,品种丰富,欣欣向荣,说明丝织品是汉代人服饰的主要用料。丝织品使用人群庞大,在丝织品中植入政治教化因素,可以引起世人的关注和认可,其中最显眼的是纹饰。汉代丝织纹饰工艺以云气纹、动物纹、花卉纹、几何纹为主图案,最具创新特色的是加入了文字。象征吉祥如意、长生长寿、伦理德行的文字出现在丝织品上,加深了印染者、售卖者和使用者对文字内涵的认可度和教化感知,常见的字有万事如意、长乐明光、延年益寿、子孙无极、永昌长乐等。1959年在新疆民丰尼雅遗址出土印有"延年益寿大宜子孙"棉袜(如图17),袜子由白、宝蓝、绛、浅橙等色组成，由八个隶书大字书写，是东汉精绝国文化的代表。在内蒙古匈奴墓中出土印有"新神灵广成寿万年""群鹄颂昌万岁宜子孙""游成君守如意"等文字的汉锦，表达出十分浓厚的汉代政治教化特色。在广袤的西域地区发现的这些带有文字的丝织品，说明象征吉祥如意、长生长寿、伦理德行的造物观念已经影响十分广泛。这种带有文字的工艺品，不仅有丝织品，还有人们日常所用的瓦当，文字内容有兰池宫当、高安万世、长生未央、长生无极、千秋万岁、千秋万世、延年益寿、大吉富贵、长乐富贵、千秋长安、单于天降等，其中的文字寓意十分明确，体现了汉代造物观中政治教化的倾向。

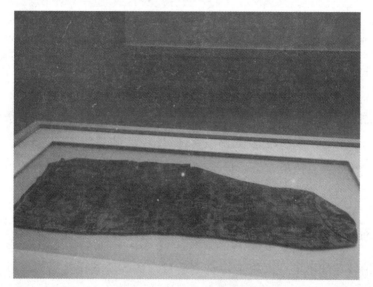

图17　新疆民丰尼雅遗址出土的东汉"延年益寿大宜子孙"棉袜

二、人神共存式的造物特征

宗教是人们精神生活需求的产物，对于老百姓而言，它可以提供精神寄托的彼岸世界；对于统治者而言，它可以作为定国安邦的精神麻醉剂。汉代，黄老与儒术纷争多年，儒学经历神学化和黄老经历宗教化后都成为汉代大一统政权的重要文化思想支柱。两汉时期，上至统治者的官方，下至世俗众生的民间，都高扬宗教神学，共同促成了两汉社会人神共存式的造物特征。

汉代官方所遵从的宗教神学比较杂,最受青睐的是经董仲舒改造的新儒学思想,特别是其构建的三统循环历史观加上五德终始说。董仲舒主张"天之道,终而复始"的历史循环论,三统就是"黑统、白统、赤统"的依次循环,比如"天统气始通化物"的夏朝为黑统,则"天统气始蜕化物"的商朝是白统、"天统气始施化物"的周朝是赤统。而邹衍的五德终始说,按照朝代所属的五德轮回,从木到火,从火到土,从土到金,从金到水的顺序来解释政权更迭的合理性,这一学说深受汉文帝、汉武帝、王莽、光武帝刘秀等青睐。两汉时期,谶纬十分流行,西汉中期,汉宣帝面对国力日衰,对符瑞十分信赖,在谶纬影响下曾"改元易号"。外戚王莽篡汉过程中,充分利用了谶纬的作用,自编自演,通过浚井得到"告安汉公莽为皇帝"的白石,于是借此谶符而登基。东汉刘秀也充分发挥了谶纬之用,李通用"刘氏复起,李氏为辅"的谶语鼓动刘秀起兵争天下,在登基之前也借助谶纬之语而顺天意做皇帝。谶纬之所以在两汉如此盛行,一方面是董仲舒改造后的新儒学具有神学特质,儒学成为官学,客观上为谶纬发展提供了帮助;另一方面谶纬兴起是得益于统治者的笃信与提倡。两汉统治者还特别重视郊祀和封禅,朝廷上下将这两项活动宗教化,上升为统治者亲自参与主持的大典,具有无上的荣誉和地位。

汉代,民间信仰与世俗迷信也十分盛行,究其原因,与汉代统治者盛行宗教神学有很大的关系,上行下效,其风更盛。汉代祭祀盛行,官方祭祀天地,民间则祭祀祖先,民间普遍的心态正如王充《论衡·祀义篇》所言:"世信祭祀,以为祭祀者必有福,不祭祀者必有祸。"王充是无神论者,其所批判的就是民间祭祀中的世俗迷信成分,这种超越了礼制范畴之外的祭祀,是人们对未知的彼岸世界充满神秘和敬畏感的产物,在世俗普遍存在的"祛除灾祸、祈祷安福"心理作用下,广为流行,人们甚至趋之若鹜。汉代民间还流行着多种崇拜情结,如山神(比如五岳)、水神(比如长江、黄河)、动物神(比如四方神兽)等崇拜。与先秦所不同的是,汉代盛行人神崇拜,即祖先神崇拜,如三皇五帝,除此之外,还有独特的灶神崇拜、门神崇拜等。与汉代民间信仰和世俗迷信一道兴盛流行的是方士、巫术、占卜、解梦、风角、相术、占星、相宅、望气等迷信活动。如此多的民间世俗迷信活动,都可以在王充的《论衡》中找到原型,说明汉代,特别是东汉的宗教迷信活动充斥于日常生活。

除了官方与民间的宗教神鬼之风气,汉代还产生了宗教。一是从道家学说转化而来的道教,是本土宗教。汉代统治者整体上十分笃信道家学说,曾将其作为治国安邦的文化思想渊源,道家学说也为求仙问道提供了理论支撑。可以讲,汉代精神世界弥漫的神秘主义气息为道教产生提供了沃土。东汉末年,社会动荡不安,道教以独立的社会形态出现,比如五斗米教、太平道教。二是从天竺传入的佛教,具体传入时间不详,应该是在西汉时传入。东汉时,佛教开始流传开来,东汉末年信徒增多,但那时人们对佛教的认识还不明确,甚至将其与黄老之学混淆在一起。佛教大为流行是在三国两晋南北朝时期。

至此可以看到,两汉时期社会宗教化十分浓重,这种气氛深刻影响到汉代造物观,形成了鲜明的人神共存式的造物特征,这在汉代造物世界中得以验证。汉代重视丧葬,墓室出土的文物向人们讲述了一个又一个人神共存式神仙造物世界。汉代人在墓室建造上倾尽全力,为逝去的人在地下"安家"的观念十分明显。这个"家"就是墓室,其既仿造人间布局又植入宗教神学祥瑞寓意,是一个人神并存的世界。墓室壁画是一个代表,通过考古发掘可以发现,汉代墓室壁画所绘题材由三大部分组成,一是讲述墓主人生前光辉事迹,二是讲述历史人物,三是讲述天界神仙怪兽世界。比如洛阳烧沟 61 号汉墓壁画,在墓顶绘有天象图,在门额上绘有青龙、白虎、朱雀、玄武等神异,在墙上绘有《墓主夫妇御龙升天图》《二桃杀三士》《宴饮图》①,既有人的故事,也有神的故事,人神并存。墓室中的棺椁与帛画组成了一幅完整的人神并存的画卷。《礼记·檀弓上》言:"衣足以饰身,棺周于衣,椁周于棺,土周于椁。"这句话基本上讲明了中国古代墓葬分层逻辑,只是汉代在此基础上加入了时代特色。最具代表性的是

---

① 李京华.洛阳西汉壁画墓发掘报告[J].考古学报,1964(2):107 – 125,235 – 242,259 – 260.

马王堆1号汉墓,其展示了两样汉代造物瑰宝:"T"形帛画和棺椁世界。"T"形帛画是利苍夫人辛追丧葬时悬挂的旌幡(或铭旌),是一个融合了天上、人间、地下三层空间的复合世界:上部天界中金乌、玉兔、蟾蜍、女娲、巨龙、仙鹤等动物组成一幅仙界画卷;中部是人间,由墓主人、祭祀场景和蛟龙仙禽组成,既表述人间又烘托冉冉升仙的气氛;下层是地下,由地祇举托着大地为分界线,地下有蛇、大鱼、大龟、羊状怪物、鸱鸮等怪异。而棺椁则是一个地下建造的具有保护功能的永生不朽的阴宅,最中心的是椁,外面有三层外棺层层保护,每层都有寓意。最外一层是黑漆无纹饰大棺,以此把阴宅与阳世隔绝;第二层外棺属于保护者空间,黑漆棺上绘有带角的地下灵怪在除掉害物,还有一些寓意吉祥的祥瑞图案;第三层外棺套着旌幡,红漆棺上绘有龙、昆仑山、神鹿等神山异兽。巫鸿认为:"马王堆墓中的死者实际有四个不同的生存空间:宇宙、阴间、仙境和阴宅。"[1]如此繁杂的四维空间体现出明显的人神共存式神仙造物观。当然,这种造物观不仅仅体现在墓室上,还体现在汉代诸多造物领域,比如错金铜博山炉、四神纹画像砖、杀人祭柱场面贮贝器、金(或银、丝)缕玉衣。

三、现实主义的造物风格

汉代社会基于人们现实生活的造物风格也十分突出,如具有写实风格的汉代青铜工艺、朴实无华且种类丰富的汉代陶塑、现实主义风格的角抵百戏画等。这类造物与前面所讲述的伦理造物与神仙造物不同,它们更注重写实,刻画汉代社会的现实生活,朴实无华又丰富多彩。

汉代铜器制作基本上以服务人们的日常生活为主,简单实用、朴实无华是其最大的特点。汉代铜器种类有食器(比如鼎、豆)、烹饪器(比如甗、釜)、酒器(比如壶、杯)、水器(比如盆、洗)、乐器(比如鼓、铃),根据出土文物和文献记载判断,汉代使用量较多的铜器有灯、镜、奁、炉、壶、洗等日常生活用品。汉代铜灯制造使用量很大,人们日常照明需要耐火经用的

---

① 巫鸿,郑岩,王睿.礼仪中的美术:巫鸿中国古代美术史文编[M].郑岩,译.北京:生活·读书·新知三联书店,2005:121.

器物,铜材质是最佳选择。陕西历史博物馆收藏的一件西汉彩绘雁鱼铜灯(如图18),是运用"鸿雁衔鱼"的美好寓意而创作的一件极具环保意义的青铜灯。鸿雁和鱼都是中国古人喜爱的祥瑞动物,鸿雁有媒妁之意,鱼是富裕象征,二者结合充满吉祥寓意。整个造型以实用为主,灯由雁首颈、雁体、灯盘和灯罩四个部分套装组成,拆洗十分方便。雁鱼的腔是空的,用于点灯;雁的肚子内装些水可以稀释烟气;雁首颈和鱼身则是导烟管,鱼体横放,巧妙设计了灯柄和鱼开口,有利于拨动灯盘使其转动。整件作品栩栩如生、形象逼真、造型古朴、刻画传神,是一件生动的写实造物品。1968年出土于河北满城的长信宫灯,也是一件极具汉代写实风格和时代特征的造物品,有"中华第一灯"之美誉。长信宫灯因刻有"长信尚浴"而得名,长信宫是西汉窦太后所居之所,长信宫灯出土的墓主人是中山靖王刘胜之妻,名窦绾。窦太后是刘胜的祖母,窦绾是窦太后的族亲后裔,身份显赫。长信宫灯集实用、美观、设计精巧、拆洗便捷、环保清洁于一体,灯采用青铜材质,外部鎏金、内部中空设计。长信宫灯主体构思是宫

图18 西汉彩绘雁鱼铜灯

女跪坐执灯,为了拆洗方便而采取了分铸套装模式,由宫女的头部、身躯、右臂、灯座、灯盘和灯罩6个部分组成。宫女右臂高举做提灯状,实为灯罩及导烟管;宫女左臂与身躯连在一起,做托底执灯状,充分利用了身躯的辅助作用。灯盘可以转动,灯盘中心还有一个銎柄。反映汉代铜灯这种实用美观特征的造物品还有很多,主要有釭灯类、动物型灯类、连枝灯类等。铜器造物除了灯外,还有很多器型,比如铜炉就有熏炉、温手炉和温酒炉等;再比如铜奁、铜洗、铜镜、铜壶、铜鼓等。在北方地区出土了一定数量的青铜染器,由青铜盘、青铜炉和青铜耳杯组成,炉火煮耳杯之肉,炉灰落在盘内,肉再"染"上佐料,吃起来十分美味,类似一人一套的小火锅,非常实用。

在博物馆的汉代区域能感受到汉代陶塑朴实无华且种类丰富的风格,也能窥见具有现实主义风格的角抵百戏题材。汉代陶塑制作有专门的生产管理流程,产量很大,种类丰富,田自秉对此评价道:"汉代陶塑的艺术成就,在于表现各种物象的主要特征,形象生动简练,装饰性很强。"[①]生动简练是汉代陶塑标志性特色,其种类可简略归纳如下表[②]:

表2

序号	类别	品名
1	器皿类	壶、盘、杯、罐、灯、炉、奁等
2	用具类	灶、井、船、车等
3	建筑类	厨房、磨坊、碓房、仓库、猪圈、羊圈、城堡、楼房等
4	楼式类	曲尺式、栏杆类、重楼、水阁等
5	动物类	马、牛、羊、鸡、狗、猪、鸭、鹅、龟、鱼、蛙、鸟、猴、象、鹿等
6	人物类	文俑、武士、仆人、舞俑、乐俑、杂技俑、胡俑、侏儒等

从上表可以看出,汉代陶塑涉及的种类十分广泛,都是人们日常所见、所用之物,富有生活气息和现实主义风格。汉代社会生活造就了丰富的汉代陶塑,而汉代陶塑则真实地记录了汉代社会生活。汉代陶塑给人

① 田自秉.中国工艺美术史[M].上海:东方出版中心,2010:107.
② 田自秉.中国工艺美术史[M].上海:东方出版中心,2010:106.

印象最深刻的当属陶塑现实生活,动物题材和居家生活题材的非常多:如山东高唐出土的绿釉陶狗,成都天回山出土的陶马,陕西兴平出土的陶狗陶马,河南辉县出土的陶家禽等都是动物题材,其刻画风格各异,朴素多样;而河南淅川出土的陶水榭,河南济源出土的陶米碓、陶风车,广东广州出土的陶坞堡,河南陕县(今三门峡市陕州区)出土的绿釉陶楼,湖南长沙出土的陶猪圈,广东佛山出土的陶水田模型等都是居家生活生产的真实写照,再现了两汉时期的民间生活起居。汉代流行角抵百戏,角抵是一种观赏性的摔跤比赛,百戏则包罗万象,有乐舞杂技、角抵驯兽、俳优幻术等,张衡写的《西京赋》中具体提到了东海黄公、跳丸剑、都卢寻橦、走索、戏车、乌获扛鼎、胸突铦锋、鱼龙变化等百戏节目,听名字就让人叫绝。出土于山东济南无影山的灰陶加彩乐舞杂技俑,塑造了 20 余个人物场面,

有的在表演杂技,有的在演奏乐曲,有的矗立造势,整个作品动静结合,造型逼真,有声有色。出土于四川成都天回山的击鼓说唱俑(如图 19),人物刻画得十分形象、富有动态。陶俑左手抱鼓,右手拿棒,双足欢跳,眉眼俏皮,口若有声,把一个击鼓说书人的形象刻画得活灵活现。汉代流行的乐舞百戏还出现在了壁画上,山东沂南出土的东汉巨幅画像石上刻有"百戏图",刻画了杂技场面与乐舞场面,技术上乘,乐舞优雅,热闹非凡。

图 19　东汉击鼓说唱俑

第六章　三国两晋南北朝时期的造物观

　　两汉 400 余年的大一统社会后,中国又迎来了约 400 年的混战动荡期,中间除了西晋 50 年的短暂统一——这期间晋武帝死后的 25 年里,西晋还一直经历动乱,直至灭亡——其他 3 个多世纪的时间里都处于混战动荡状态。这期间,胡汉交融与杀戮并存,灾祸瘟疫与人口迁徙并存,门阀制度与思想开放并存,佛教玄学并起与儒道佛三家共进局面并存,朝代更迭频繁与社会动乱不堪并存,人人厌苦与家家思乱并存,中原战乱与边疆偏安并存,等等。综观三国两晋南北朝,最大的社会现实是"无尽的天灾人祸"。邓云特认为:"魏晋之世,黄河长江两流域间,连岁凶灾,几无一年或断。总计二百年中,遇灾凡三百零四次,其频度甚密,远逾前代。举凡地震水旱风雹蝗螟霜雪疫疾之灾,无不纷至沓来,一时俱见。"①而据竺可桢研究发现,三国两晋南北朝处于气候寒冷期,频繁的自然灾害充斥着这一时期,给农耕畜牧带来麻烦。这一时期,混战带来了无情的杀戮,时代性的混战就有魏蜀吴三国争天下、西晋灭亡后的北方十六国更迭、东晋灭亡后的南朝更迭、南北朝的对立与统一,据不完全统计,其间具有一定规模的战争就有 100 余次,大规模的战争有 20 余次,而小规模的冲突与战斗已是社会常态。战争带来明显的嗜杀性,殃及无辜的事件时有发生。"村井空荒,无复鸣鸡吠犬"(《宋书·索虏传》)、"千里绝烟,人迹罕见,白骨成聚,如丘陇焉"(《南史·侯景传》)……不少史书记载了当时的社会场景,令人惊愕。《通典·食货七·历代盛衰户口》根据当时遗存的史料估计,在西晋短暂统一时期,在籍在册的人口有 760 余万,此数不足汉代盛世人口的 15%。"无尽的天灾人祸"深刻影响到三国两晋南北朝时期的造物观,最突出的表现就是"佛教题材器物大量出现"。佛教钟情于对现

---

　　① 邓云特.中国救荒史[M].上海:上海书店,1984:12 - 13.

世的批判与对来世的设计，无尽的现世"苦难"正好为佛教发展提供了土壤，来世的"彼岸世界"为人们提供了精神寄托和人文关怀。三国两晋南北朝是佛教题材造物比较突出时代，以佛为主题的石窟、绘画、青铜、陶瓷、丝织、漆器夹纻、莲花忍冬纹饰比较常见。当然，三国两晋南北朝是一个多变繁杂的造物时代，三国与两晋，南朝与北朝都因各自所处时代与客观条件不同而存在一定差异，以至于很难找到一个代表各方的造物观，又似乎感觉佛教题材是其主线，因此这一时期可谓多变繁杂，难以寻一。基于此，三国两晋南北朝时期造物观的梳理将会按照三国西晋、十六国北朝、东晋南朝三个部分进行阐述，其间会重点呈现佛教造物观的主脉络。

第一节　延续汉代且寻求多元变革的三国西晋造物观

三国时期，魏蜀吴三雄纷争，魏占据北方，吴占据东南，蜀占据西南，三足鼎立半个世纪左右。魏国司马家族在三国末期崛起，最终代替曹氏一族建立新王朝西晋，并实现统一。此阶段，两汉长期高举的大一统和儒家正统遭到分裂战乱和玄学风气影响，走向瓦解；边疆地区在胡汉交往过程中使得佛教流行传播，并向内地扩散（主要是在长江中下游地区）。西晋实现全国的短暂统一，晋武帝励精图治二十五载，但是由于政治上对于大族高门过于依赖和宽松，导致了西晋后二十五载的战乱。纵观三国西晋时期，社会战乱与权力争夺仍是主流，文化思想深受社会背景影响，儒道佛以各种途径在社会上流传，民间深受东汉社会风俗影响。在统治者阶层，三国西晋时期提倡与东汉厚葬风气不同的简化薄葬，对墓葬出土文物数量产生较大影响，但是没有改变墓葬中的造物风格。流行于两汉的谶纬之术在三国西晋时期继续大行其道，或许是为了证明"应天受命"，欲得天下的统治者都在谶纬玄机中寻找合法化，于是谶纬之术演变为谶纬符命。比如曹丕废掉汉献帝时就借助了"代汉者当高途""代汉者曹公子"等谶语，所谓"当高途"就是"象魏"之意的古代宫殿，"曹公子"就是曹丕。可以讲，三国西晋在很多领域与东汉一脉相承，在造物观上也是如此。战乱、玄学、佛教、薄葬、大族为三国西晋造物观注入新变化、新取向和新认知,而两汉筑牢的儒学、谶纬、神学、道家、世俗、百戏俳优、壁画技术都还在三国西晋造物观中继续发挥重要作用。

三国西晋时期的墓室壁画基本上延续了东汉造物风格,只是少了求仙气息,多了写实主义。1972年发现于嘉峪关市新城魏晋墓葬群中的壁画有600余幅,大多是写实主义。1号墓的《耕播图》,真实反映了男扶犁耕地、女持钵播种的劳动场面;3号墓的《屯营图》,真实反映了将军、士兵和军帐屯营画面;5号墓的《饮食图》,真实反映了大族高门奢侈排场的就餐场景;6号墓的《宴饮图》,真实反映了女仆服侍女主人用餐的画面;7号墓的《宰猪》,真实反映了屠夫杀猪的生动场面。这些墓室壁画中,"出行、宴饮、乐舞、庖厨、农耕、畜牧、狩猎、绢帛、用具等画面表现了统治者的权势与财富。至于坞壁内农耕、畜牧、兵屯、采桑、家役等反映了被压迫者的悲惨生活。生活情节经过画工的艺术处理,给人以朴实的感觉"[①]。在这种延承汉代的墓葬风格中,写实主义明显盖过了神学风格,显示了三国西晋墓葬风格的些许变化。这种变化在辽宁省辽阳墓葬壁画和吉林省集安市高句丽墓葬壁画中得以印证。辽宁省辽阳墓葬应该是西晋时期的,壁画中有宴饮、楼宅、车骑等现实生活场景;吉林省集安市高句丽墓葬壁画有《狩猎图》《角抵图》《舞蹈图》等现实生活写照图。

三国时期的吴国是青瓷生产地,在浙江绍兴三国墓出土的青釉文物中,一件青釉堆塑谷仓罐(如图20)极具汉代风韵。谷仓上部采取堆塑手法,采用分层方法反映社会现实与吉祥寓意,动物、罐子、人物、乐器、纹饰和文字一应俱全,刻有"多子孙、寿命长"吉祥寓意文字,明显具有汉代风格。西晋时期,有越窑、德清窑、瓯窑、婺州窑等青釉陶瓷生产区,江苏南京清凉山出土的西晋青釉羊,造型敦实,体态肥硕,釉色青绿,体现了西晋时期高超的青釉技术水平。西晋青釉器物还有西晋越窑系青釉印纹豆、西晋越窑系青釉双系卣、西晋婺州窑青釉狗圈、西晋青釉四系鸟钮盖缸、西晋青釉人骑兽器等,这些青釉作品多为陪葬的明器,是汉代陪葬风气的

---

① 史仲文,胡晓林.中国全史:艺术卷[M].北京:中国书籍出版社,2011:333.

图20　青釉堆塑谷仓罐

延续,只是这些器物制造过程中,运用了青釉技术,是一种接近瓷的陶器,反映了三国西晋造物技术提升,并运用到造物之中。青瓷是三国西晋造物中的一大特色,凭借技术创新在造物史上留下光辉印记。

　　三国西晋时期,佛教题材造物逐渐崭露头角,内地主要的佛教地在长江中下游地区,先属于吴国,后属于西晋。巫鸿认为:"在我看来,吴地佛教的流行、佛教思想与中国传统思想的融合,乃至'民间佛教'的存在,均为我们理解当地与大众生活密切相关的艺术品中使用佛像作为装饰题材的普遍性,提供了一个背景。"[1]可见在吴国时期,长江中下游地区民间佛教传播广泛,深刻影响到人们造物中对装饰题材的新选择——佛。佛教能够被内地人们所接受,更多的是基于汉代以来形成的"神仙降吉祥"的观念,佛被作为能够降吉祥保平安的"大神","因此,早期佛像多用作青铜

---

①　巫鸿,郑岩,王睿.礼仪中的美术:巫鸿中国古代美术史文编[M].郑岩,译.北京:生活·读书·新知三联书店,2005:306.

镜、魂瓶甚至是唾壶的装饰图案,并列于各种神仙、神兽之间"①。在江苏南京出土了吴国时期的黑釉楼阁佛像陶魂瓶,这件魂瓶主要的装饰题材就是佛像,有的佛像结跏趺坐,有的佛像带有光环,特别是盘口部分,佛像密集排列,楼阁内也贴塑佛像。全瓶有 20 余尊佛像,纹饰则是传统的中国纹饰。此时出现在魂瓶上的佛像应该是类似传统方术升天的神仙,而不是宗教崇拜对象。具有这种特征的魂瓶还在浙江绍兴、江苏镇江、江苏宜兴、浙江萧山、江苏江宁等墓葬中有发掘。同样,吴国和西晋时期的青铜镜中也有反映佛教题材的纹饰,比如 1975 年湖北鄂州出土的西晋时期的四叶八凤佛兽纹青铜镜,佛像与凤凰作为纹饰融合在一起,共同讲述着吉祥寓意。"这种佛与神仙崇拜并存,混杂于仙人、瑞兽之中的现象,反映了当时佛教是作为中国本土的神仙思想和早期道家的附庸出现的,并不是人民顶礼供养的独立的宗教。"②

第二节　人文关怀造物倾向和胡汉杂糅的 十六国北朝造物观

西晋灭亡后,司马家族南迁建立东晋,北方则进入朝代更迭频繁的历史动乱期。经历过十六国政权频繁更迭,经历过北魏统一北方,经历过北魏瓦解后的政权更迭,总之,北方战乱频繁,政权更迭程度相对密集,加上匈奴、鲜卑、羌、氐、羯等少数民族入主中原建立政权,文化交流与碰撞明显,佛教获得长足发展。因此,十六国北朝最明显的造物特征是佛教造物和胡汉文化交织后的"双向异化"造物观。

一、人文关怀维度下的造物倾向

十六国北朝的战乱杀戮给当时的人们带来无尽的痛苦和随时的生死

①　中国国家博物馆.文物里的古代中国(中册):秦至五代时期[M].北京:中国社会科学出版社,2010:147.

②　中国国家博物馆.文物里的古代中国(中册):秦至五代时期[M].北京:中国社会科学出版社,2010:147.

劫难,现世的苦难大于幸福,生命缺乏保障,人们生活在恐惧之中。佛教吸收了道教求仙方术之学,并借助道教影响传播自己的思想,加上佛教以"苦与空"解释现世之难,以"生死轮回"慰藉受苦受难的百姓,给人们带来终极人文关怀。故而,佛教在十六国北朝时获得大发展,信仰者不计其数。很多流民四处迁徙躲灾,有的迁往相对安定的南方(南迁),在南迁受阻的情况下,很多流民迁往形势较为安全的河西(西迁)。天竺僧人昙无谶,在十六国时期到河西传教,得到统治者大力支持,加上流民西迁,为河西佛教发展提供沃土。因此河西广大地区的佛教石窟艺术、佛教绘画艺术等得到长足发展。后来,佛教在十六国北朝突飞猛进,信仰者上至皇室贵族,下至黎民百姓,佛教信仰已经成为十六国北朝最重要的思想支柱,统治者需要佛教进行统治,黎民百姓需要佛教慰藉心灵,各取所需。因此,十六国北朝的造物观集中体现在"信仰下的佛教造物"。

佛教石窟是十六国北朝造物观的集中展示,在佛教沿着古丝绸之路向中原各地扩散过程中,一处处、一座座佛教石窟集中连片被建造起来,比如古龟兹、焉耆和高昌地区的克孜尔石窟、脱库孜萨来石窟、雅尔湖石窟等石窟群,河西走廊上诸石窟(包括敦煌莫高窟),麦积山石窟,山西大同云冈石窟,山西太原天龙山石窟,河南洛阳龙门石窟,等等。佛教世界就这样在中国北方广大地区传播开来,佛教造物散发着直观震撼、虔诚执着的气息。敦煌275号石窟是十六国时期的北凉佛,弥勒菩萨坐在双狮上,袒露胸臂,左手作"与愿印",神情庄重肃静,体格健壮。北魏早期的山西大同云冈石窟5号窟(如图21),具有明显的犍陀罗艺术风格,加入了中国文化元素"慈祥和悦"感。北魏迁都洛阳后实行汉化政策,在佛教石窟造物时就植入了南朝绘画元素,比如麦积山148号窟中的佛像眉宇开朗、神情闲逸,飞天则清丽俊秀。这些佛教石窟在制造过程中,佛教是总体特质,但也逐步加入了中国文化观念。

保存十六国北朝造物特征的石窟当属麦积山石窟,它位于甘肃省天水麦积山,有窟或龛近200处、佛教题材雕塑作品7000余件,其主体石窟基本未经历后世修饰,极具时代特色。北魏早期的佛像作品具有明显的犍陀罗艺术风格和秣菟罗艺术风格,突出佛像高大形象。北魏后期在汉化

图 21　山西大同云冈石窟 5 号窟（北魏）

政策下,清秀体瘦的佛像已与早期高大佛像有所不同,佛像的人物性格得
以彰显:比如 127 号窟正壁龛佛两侧菩萨,身材修长优美,闲情逸致,长面
细颈;再比如 133 号窟 11 号碑群佛之中,有的佛眉清目秀、微笑示人,有的
手捧鲜花、造型优美。西魏继续在佛像"秀骨清香"风格上寻求技艺进步,
以精湛著称,而北周则以造型敦厚、人物饱满、表情自然,不同于西魏的修
长婉丽。山西大同云冈石窟是北魏统治者礼佛的皇家之作,现存各类佛
教题材造像 50000 余尊。其早期作品以昙曜五窟为代表,其主佛体以高
大著称,采用石雕,突出佛像的圆润丰硕,通体造物时深受犍陀罗风格影
响。云冈二期作品,佛教题材作品中的中国文化元素增加,眉清目秀的南
朝画风显现。云冈三期作品,宏大的佛形象越来越被中华民族简约秀气
文风所影响,反映中原大地真实生活的元素参与其中,比如杂技百戏。北
魏政权迁都洛阳,掀起洛阳龙门石窟进行佛教题材造物的高潮,一个弥勒
像龛和古阳洞、莲花洞、魏字洞等十几个大中型洞窟修建完成,东魏和北
齐也持续注入建造热情。龙门石窟题材简明集中于主像建造,融合了外

来艺术手法与中国造物技巧,多体现历代皇室贵族发愿造像,净土宗、禅宗、密宗等诸派都有所展现。

十六国北朝"信仰下的佛教造物"之集大成者当属敦煌莫高窟,它位于敦煌鸣沙山东麓石崖上,但是此处石块松脆不适合用石刻,所以敦煌莫高窟以壁画和泥塑著称于世。据1982年出版的《敦煌莫高窟内容总录》所述,其始建于前秦建元二年(366),中间经历了十六国北朝、隋、唐、五代、宋、西夏和元代的持续修建与维护更新,止于元代至正二十八年(1368),共有492个洞窟,属于十六国北朝时期的莫高窟有40处(十六国7窟,北魏、西魏18窟,北周15窟)。敦煌莫高窟就是一个佛国世界,其佛教题材壁画是精华,壁画的艺术成就举世无数,数量巨多,反映了十六国北朝时期佛教的普及度和对人们思想观念的巨大影响。敦煌莫高窟257号壁画《鹿王本生》,讲述了《佛说九色鹿经》:故事中,溺人落水被九色鹿救起,并发誓不泄露九色鹿行迹,而王后欲得九色鹿皮做饰品,溺人忘恩负义向国王告密,九色鹿被捕,溺人最后长疮而亡。壁画故事讲述得栩栩如生、发人深省。敦煌莫高窟254号壁画《萨埵那太子本生图》(如图22),讲述了佛的前身萨埵那"舍身饲虎"的故事:萨埵那见到一群虎饿得奄奄一息后,刺破颈跳下悬崖,以身躯饲虎,最终只剩下骨头。敦煌莫高窟275号壁画《尸毗本王生》,讲述了一位仁慈国王尸毗,为救鸽而自割身上的肉来喂鸽,以至全身割尽而不抵鸽重,整个人换鸽,最后立地成佛的故事。敦煌莫高窟249号壁画《说法图》,讲述了释迦牟尼讲佛的生动画面,构图生动巧妙、造型健硕有度。敦煌莫高窟285号壁画《得眼林故事》,讲述了500名强盗因暴行而被挖眼、放逐山林,哀声遍野引起佛的关注,佛用药救治强盗并使其复明,最后强盗皈依佛法、改邪归正的故事。敦煌莫高窟255号壁画《飞天》,描写了两组飞天说法的画面,人物造型粗壮有力、色彩凝重、肌肉感强。敦煌莫高窟壁画、佛像泥塑描述了大量的宗教故事、人物、纹饰,也穿插了现实生活场景,比如耕作、游乐、杂技、狩猎、战争、行船等。这说明佛教与中原文化互相影响、互相借鉴,最终走向融合发展的路子,开启了佛教本土化的历程。

图 22　敦煌石窟 254 号壁画《萨埵那太子本生图》(北魏)

二、胡汉文化交织下的"双向异化"造物观

十六国北朝地处北方,来自西方和北方的戎和狄等少数民族与汉族在这里交会碰撞、冲突融合,传统的"华夷有别"观念被胡族文化内渐和胡汉文化杂糅所冲击、替代。胡汉文化交织成为十六国北朝的一个基本现实和社会常态,人们日常生活中的汉族风俗与少数民族风俗交织在一起,引起了胡族文化汉化和汉族文化胡化的双向变革趋势。十六国北朝时期人们的饮食结构、菜肴品种、服饰文化、头饰佩物、婚丧嫁娶、世俗迷信、娱乐百戏、宗教活动等都不同形式地出现胡化、汉化或胡汉杂糅,"双向异化"造物观是这一时期的一大特征。

白居易有诗言:"云鬟花颜金步摇,芙蓉帐暖度春宵。"作为提升气质和优雅的金步摇,戴在头上尽显贵妇的风姿绰约。"步摇"是插在女性发际的装饰品,类似于簪或钗,辅以各种材质的垂挂装饰,走起路来一步一摇,风情万种。用金材质作为垂挂装饰,就是"金步摇"。1981 年内蒙古达尔罕茂明安联合旗出土了两件具有浓郁北方草原特色的金步摇,一件是牛头鹿角金步摇(如图 23),一件是马头鹿角金步摇。据考证,这是慕容鲜卑族的头饰,属于十六国时期。慕容鲜卑在十六国时期影响很大,曾建立过前燕、后燕、南燕、西燕和吐谷浑政权,是当时重要的政治势力。慕容鲜卑是游牧民族,金银材质品的使用比较普及。这两件步摇是金材质,饰品就像盛开的金色花朵,尽显佩戴者身份与气质。鲜卑一族在十六国北朝时期建立多个政权,除了前面提到的慕容鲜卑一族外,乞伏鲜卑建立过西秦,拓跋鲜卑建立了统一北方的北魏。可以讲,鲜卑族在十六国北朝时期占据很高地位,其在打天下和守天下过程中,很多时候依靠的就是骑兵。1953年陕西西安草场坡出土的陪葬品骑马武士陶俑,战马全身覆盖铠甲,除了四肢、嘴巴外,战马全身都由铠甲保护,战斗力极强。重装骑兵在中原墓葬中出现,说明中原也深受鲜卑族战马形象的影响。

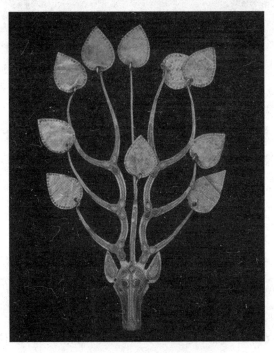

图23　牛头鹿角金步摇(北朝)

1965年在河南洛阳元邵墓出土的陶侍从俑服饰看,属典型的北魏袴褶装风格。袴褶装流行于北朝时期,其最大特点就是袖口十分宽长,袖口长可及膝,袴褶装上身是袖可及膝的衫或袄,下身是合裆袴。在这一服饰中,可以窥见胡汉文化互相影响后的"双向异化"造物观。上身的袴褶装袖口已经与北方草原民族袖口大不相同,其变化深受南方流行的褒衣博带影响,变成袖口长可及膝。下身的合裆袴,已经不是中原地区流行的分裆袴,而是草原民族方便骑马穿的合裆袴,每条腿都是独立的合拢袴。可以看出,"袴褶装既保持了其原有行动便利的特点,又适应中原人民劳动的需要和传统服饰的习惯,这种变化是在南北文化的碰撞与交流中形成的,是南北服饰文化互相融合的结晶,是各民族服饰取长补短、相互融合的具体表现"①。胡汉文化交织促进了十六国北朝的在造物过程中注重吸取各方优点,制造符合胡汉杂糅后的审美与实用物品。1948 年河北景县封氏墓出土的武士陶俑,其头戴风帽,身披假钟。所谓假钟,就是类似于现代社会的披风,无袖披肩的风衣,因形状似钟覆而得名。起源于鲜卑民族的假钟衣饰出现在中原地区也佐证了前面的观点。当然,这种"双向异化"造物观还体现在日常造物的方方面面,在此不再列举赘述。

第三节　魏晋风骨为主与外来元素为辅的
东晋南朝造物观

　　西晋灭亡之际,司马氏寻求在中国南方建立偏安政权的可能。307年,司马睿任安东将军,驻守建业。伴随北方战乱,大族与流民纷纷南迁,司马睿采纳琅琊大族王导提出的"收齐贤人君子,与之图事"意见,首先获得北方侨姓门阀大族的支持,后又获得南方本土士族的认可和归附,"由是吴会风靡,百姓归心焉。自此之后,渐相崇奉,君臣之礼始定"(《晋书·王导传》)。司马睿在南方站稳脚跟后,于 317 年终于登上权力顶端,建立东晋。很明显,东晋建立离不开门阀大族的支持与维护,并形成了门阀大族与皇权并立"共天下"的奇特政治生态,南北方大族围绕门阀利益明争暗斗,而皇权稳固离不开势均力敌的门阀大族之间的政治制衡作用,并产生了依赖关系,此时皇权甚至处于得势的门阀大族之下。这造成了东晋"君权不振"和门阀大族的"重家轻国"观念。门阀士族不仅在上层社会处于强势地位,还建立"士庶对立"的严格等级制度来阻断下层社会对门阀

---

　　① 中国国家博物馆.文物里的古代中国(中册):秦至五代时期[M].北京:中国社会科学出版社,2010:135.

士族利益的破坏和慢慢入侵，整个东晋时期都是"士庶不婚、不相交接"。东晋在淝水之战后开始步入无尽的门阀大族、皇权之间利益斗争之中，国力日衰，战乱四起，民间疾苦，起义不断。420年，宋武帝刘裕建立刘宋政权，正式开启南朝四国更迭时期。宋齐梁陈时期的南朝历经170年，都城基本上都在建康（今南京）。南朝时期，中央集权逐步得到加强，门阀制度中的"士庶对立"现状有所松动与改观，出现渐衰趋势，但是门阀士族仍是南朝社会中最大的力量团体。纵观东晋南朝，门阀士族制度是其社会主线，儒学式微、玄学兴盛和佛教传播共同架构起儒道佛三家共存并进的文化格局，共同影响着东晋南朝的造物观。

东晋南朝偏安于南方，所处客观环境不同于北方地区面临的胡汉杂糅和佛教东传，而是汉末至西晋时期形成的魏晋造物风格的延续与创新，主要表现在四个维度：一是东晋南朝文人士族在哲学上的思考，玄学精神得到进一步提升，表现在造物观上就是名教与自然的融合；二是东晋南朝一直有一股游离于朝堂政治之外的"文人精神"，或游走于山水之间，或沉醉于书画之中，或迷恋酒肉放荡生活之中，用文人群体的行动与喜好左右着整个社会的造物取向；三是东晋南朝社会造物观中深刻植入了佛教元素，佛教信仰虽不及北朝十六国那般执着和受欢迎，但是已经渗透到东晋南朝社会生活之中，并与魏晋造物风格融合，形成了具有中国本土文化风格的佛教造物观；四是东晋南朝在本质上是魏晋造物风格的延续，"魏晋风骨"最具社会普遍性，在佛教东传和胡文化兴盛的大背景下，东晋南朝成为中国本土文化的最后一块堡垒。

《竹林七贤与荣启期》（如图24）是东晋南朝时期墓葬砖画的代表作。砖画在东晋南朝统治中心区域的南京及附近地区的墓葬中出土较多，这幅砖画主题由八个人物组成——荣启期和有竹林七贤之称的向秀、嵇康、山涛、阮咸、阮籍、刘伶、王戎，人物之间用树木（比如阔叶竹、银杏、春柳、槐树、垂柳）隔开，一人一姿，人物个性刻画鲜明，既充分展示了东晋南朝"文人精神"的复杂世界，可以窥见玄、儒、佛的影子，又充分反映了东晋南朝士族阶层钟情于洒脱放荡的生活姿态，散发着酒肉、音乐、文采的味道。整幅画面由200余块砖堆砌而成，共有两部分，四人一组。人物刻画比较

图 24 《竹林七贤与荣启期》砖画(南朝)

切合人物性格特征,比如嵇康崇尚老庄,嗜好养生之学,羡慕古代隐士生活,不乐于为官,是玄学倡导者,主张"越名教而任自然",是竹林七贤的精神领袖;砖画中的嵇康抚琴,口中做长啸之状,一副嗫嚅忘形姿态,逍遥自在。又比如嗜酒如命的山涛、刘伶两个人物刻画,抓住了此二人借酒表达自在逍遥、远离现世的生活理念:山涛手执酒碗,神情飘逸;刘伶手执耳杯斟酒,意犹未尽,全都是借酒达意、嗜酒如命。再比如不修边幅的王戎,赤腿斜坐,配以如意、钱箱等财宝,表现出洒脱生活。田自秉对《竹林七贤与荣启期》砖画内容所反映的一些东晋南朝社会鲜明特质总结为两点:一是以当时的名士替代孔老等先贤为主题,反映了门阀士族兴起与玄学风格;二是砖画中的山石树木装饰突出,说明"以玄学对山水"的新文化取向的诞生。① 由此可见,门阀士族、玄学兴起、山水自然等因素成为东晋南朝造物观中的重要因子。

河南省邓州市出土的一座南朝刘宋时期的墓葬,均采用模印手法,因

---

① 田自秉.中国工艺美术史[M].上海:东方出版中心,2010:134.

墓砖上印有"家在吴郡"字样而被断定为南朝刘宋时期墓。墓结构大而杂,在墓室和甬道两侧共有 34 种不同题材的砖画,基本涵盖了当时南朝社会生活各领域及当时的思想观念。墓葬砖画主题风格是魏晋遗风的延续,大量题材反映了墓主人生前故事。阵容庞大、素材丰富的牛车仪仗队是核心,牛车、奴仆、武士、鼓吹、舞乐、仪仗队等渲染展示墓主人现实生活的风采和地位。然后就是具有政治教义和伦理道德的孝子故事,反映了汉代形成的"以孝治天下"的儒学正统思想精髓,刻画了"郭巨埋儿""老莱子"的孝子故事,还有寓意长寿的文字"千秋万岁"等。此外,墓葬中的神仙造物观仍然是重要风格,有寓意祥瑞的麒麟、狮子等,布局 4 块象征"天之四灵"的青龙、白虎、玄武、朱雀是希望墓主人能够驾驭天地四方之气而仙游宇宙。刻画神话中的"王子乔与浮丘公",描写了一个虚幻的神仙世界,王子乔是中国古代一位喜爱凤凰的音乐仙人,游走于高山大川间,追寻心中的凤凰,在嵩山遇见了仙道浮丘公,一起得道成仙,再后来驾白鹤回来与家人见了一面。后来王子乔演化流传为"羽化登仙"的故事,就是看重了故事中求仙成道、长生不老的宗教造物观。以上这些题材与风格,基本上延续了汉代至魏晋形成的造物风格,说明东晋南朝社会祥瑞神学、政治教义、伦理道德的观念仍在起着建构社会的作用,并被广泛接纳与传续。东晋南朝在新元素和新风格上主要是造物中加入了佛教题材,此墓室门里的两侧有飞天和化生图像,纹饰中有一定数量的莲花、忍冬等佛教专用花纹,都是佛教题材的体现。儒、道、佛在这里汇聚,相互影响、相互补充,渐渐积聚起三家合流的雏形。

儒学式微是三国两晋南北朝时期的一个特征,儒学正统受到严重的社会现实挑战。而在东晋南朝时期,儒学正统却在皇家墓葬的石刻中得以保持,甚至被彰显。迈克尔·苏立文认为:"这是佛教在中国最盛行的时代。很多人死后火化,而不再沿用汉代颇具特色的厚葬之风。然而,儒家礼仪并没有被完全弃置不顾,帝室陵墓仍然一如既往地壮观。"[1]东晋南

---

① 苏立文.中国艺术史[M].徐坚,译.上海:上海人民出版社,2014:136.

朝帝王陵墓石刻全都集中在南京及其周围地区,共有 30 余处。① 石刻以巨大的石兽为主,比如梁武帝萧衍陵的石麒麟有 2.7 米高、3.32 米长,石兽中又以独角天禄、双角辟邪或狮子最为著名。从雕刻艺术上看,这些巨大的石刻石雕深受欧洲雕塑风格、外传佛教文明因素影响,又凸显了中国古代传统文化精神,是中西文化交流的见证。

---

① 较为著名的有宋武帝刘裕初宁陵石刻、陈文帝陈蒨永宁陵石刻、陈武帝陈霸先万安陵石刻、齐明帝萧鸾兴安陵石刻、齐宣帝萧承之永安陵石刻、齐景帝萧道生修安陵石刻、齐武帝萧赜景安陵石刻、梁武帝萧衍修陵石刻、梁文帝萧顺之建陵石刻、萧景墓石刻、萧宏墓石刻、萧谵墓石刻、萧秀墓石刻、萧绩墓石刻、萧融墓石刻、萧正立墓石刻、萧恢墓石刻。

第七章　隋唐五代时期的造物观

北周外戚杨坚于 581 年建立隋朝,史称隋文帝。隋文帝北定突厥,南灭陈朝,统一中国。后有隋炀帝西破吐谷浑,东抚台湾,从而建立起东西和南北疆土直径都在 5000 公里左右的庞大帝国。而继起的李唐王朝,则更是达到中国古代封建王朝的兴盛之巅,疆土东到朝鲜半岛,西至中亚,南抵印度,北达西伯利亚,是当时的世界中心和繁华之地。《太宗遗诏》载:"前王不辟之土,悉请衣冠;前史不载之乡,并为州县。"由此可见,李唐王朝的强大向心力和世界影响力。

李唐王朝出现了几代有为的统治者,他们励精图治、开创纪元,文化上实行开放包容、兼容并收的互惠政策,继承拓展了调和士庶对立矛盾的"科举制",建设成社会繁盛、经济发达的"人多殷富"时代;民族政策上采取多元并进的怀柔开明策略,促成了万国来朝的局面。因此,李唐皇帝不仅是中华之帝,也是"诸蕃之长"的"天可汗"。李唐王朝是一个壮阔、有为、繁盛的大一统社会,有"世界文化"聚集地之美誉。安史之乱后,中晚唐被朋党之争、藩镇割据和宦官专权所困,最终演变为五代十国的短暂分裂动荡期。总体来看,隋唐五代以李唐王朝为中轴,短暂有为的隋王朝是其前奏,短暂奋发的五代十国是其延续,其主流是大一统下的繁盛与开放。吴宗国这样描述道:"唐文化以其博大的内容,恢宏的气势,雍容华贵的风度,昂扬向上、坚定执着的进取精神,生动自然、兼容并蓄的开放性格,多种多样的表现形式和艳丽明快的色彩而具有其独特的魅力。"[1]独具魅力的隋唐五代必将在中华造物史上带来不一样的造物观。迈克尔·苏

---

① 吴宗国. 唐代文化发展的三个高潮[M]//郑学檬,冷敏述. 唐文化研究论文集. 上海:上海人民出版社. 1994:20.

立文对"不一样"这样评价:"我们再也找不到 5 世纪流行的那种在山峰之中出现各种神异人物的幻想和曼妙的趣味。"①

隋唐五代造物观上的革新与演化得益于繁盛的社会现实和宽容的文化政策。隋唐五代时期在儒学正统的基础上,对外族文化和宗教采取宽容政策,佛通过中国化、道通过义理化而获得长足发展,少数民族文化、边疆文化和外域文化在中原地区开枝散叶,不少新宗教也获得传播机会。隋唐五代统治者向世人展示了三个重要的道理:越强大就越开放,越鼎盛就越包容,越统一就越自信。迈克尔·苏立文也有类似的观点:"唐之于六朝就如汉之于战国,甚至堪比罗马之于古希腊:这是一个统一的时代,一个取得重大成就的时代,一个充满自信的时代。"②而田自秉也对唐代社会赞誉有加:"唐代是我国封建社会的鼎盛时期,它的社会特点,可以用'统一、上升、自信、开放'八个字来说明。"③以李唐王朝为中轴的隋唐五代时期,中国疆土统一而又广袤,政令贤明而又通达,中华民族共同体聚集而又团结,社会发展上升而又富庶,对外政策开放而又自信……这些因素综合在一起,共同铸就出一个伟大的造物时代。"那些'满壁风动'的人物画,洋溢出大唐上下意气风发的进取精神;'金碧辉煌'的富丽山水,一展宏伟壮丽的帝国江山的豪迈气概;宗教壁画不再是'苦难的呻吟',而是美满幸福的西方'极乐世界'。"④总体而言,隋唐五代造物观以博大清新、恢宏磅礴、富丽堂皇、华丽丰满和自由奔放而著称。

---

① 苏立文.中国艺术史[M].徐坚,译.上海:上海人民出版社,2014:142.

② 苏立文.中国艺术史[M].徐坚,译.上海:上海人民出版社,2014:142.

③ 田自秉.中国工艺美术史[M].上海:东方出版中心,2010:142.

④ 史仲文,胡晓林.中国全史:艺术卷[M].北京:中国书籍出版社,2011:428.

第一节 追求"精神满足"的形上造物观

隋唐五代之前是三国两晋南北朝近 400 年的乱世,隋唐五代则是近 400 年的繁盛,一个是乱世,一个是盛世,但是佛教都获得长足发展,同样深入人心。通过对比两个时代可以看出,佛教在中国大地展现出旺盛生命力,不同的是,乱世的三国两晋南北朝"佛教因悲苦而兴",繁华的隋唐五代"佛教因祈福而盛"。隋唐五代是中国古代佛教的全盛时期,也是佛教中国化加速推进的时期,经济繁荣为佛教发展提供物质保障,安定的社会为佛教发展提供哲学思考的环境保障,佛教修行者或信徒不再像三国两晋南北朝时期那样专注于生死悲苦的精神安抚,而是不断思考佛教中的哲学议题,寻找佛教本土化的理论依据和哲学阐释。隋唐五代时期,佛教宗派在中华大地上大放异彩,比如传承自印度佛教的三论宗,取真经而归的唯识宗,还有密宗、天台宗、净土宗、华严宗、禅宗等。特别是天台宗、净土宗、华严宗、禅宗开启了佛教本土化,所谓佛教本土化就是与烦琐复杂的印度佛教分道扬镳,建立方便易行的皈依佛门之法,从印度佛"心性本净"过渡到中国佛"心性本觉",从而把印度佛教中将大众拒之门外的独身佛转变成中国主张性净顿悟的众生佛,体现出中国文化强大的同化能力。因此,隋唐五代时期的佛教已经是典型的中国式佛教,禅宗六祖惠能提出"一切众生皆有佛性",倡导人人皆可成佛、无念为宗、顿悟成佛,让佛教更容易被众生接受,大大提高了隋唐五代时期佛教的普及度,隋唐五代佛学成为这一时期的显性特质。兴盛的佛教时代,自然是这个造物时代的重要造物观,石窟、壁画、雕塑、寺院、石刻、纹饰、雕刻、工艺品等社会万象中都彰显出佛教造物的因素。隋唐五代时期的佛教造物观以追求"极乐世界"为主要目标,不再关注悲苦安抚和精神麻醉,而是强调信佛、崇佛、顿悟成佛后能升天到西方极乐世界,为众生"百年之后"建立一个可以感知的彼岸世界,以此提供终极的人文关怀。所以,隋唐五代时期佛的形象比较丰硕安详、慈眉善目。因此,隋唐五代几乎把佛教推崇至国教地位,佛教造物观十分盛行。隋唐五代佛教造物,多用写实手法来表达人们借助佛教信仰与佛教造物来达到"升入极乐世界"的目的,描写的现实生活越美好、越贴近生活、越具有人间意味则越能说明隋唐五代佛教造物具有明显的世俗化特征。在众多佛教题材造物品中,石窟造像壁画、寺院佛塔最具代表性。

一、石窟造像壁画中"幸福佛"造物特征

隋唐五代时期,伴随着丝绸之路更加繁荣兴盛,敦煌莫高窟建造也十分兴盛。在现存的492窟中,隋唐五代石窟有341个(隋朝110个、唐朝199个、五代32个),较其他朝代在数量上占据绝对优势。隋唐五代石窟之所以如此兴盛,与当时的社会观念不无关系,"开凿石窟除与僧徒修行、活动有关外,佛教以修功德、种福田的名义,招徕'布施',引导统治者以至一般民众造像营窟,祈福永命,很多石窟的开凿也与此有关。尤其隋唐净土宗盛行,施财买福、修功德快速成佛成为一时潮流,营造石窟变成了修功德的一种手段,这就更促使了石窟的修造"①。可见,借助佛教,世人通过修功德、种福田来达到施财买福、祈福永命的造物观已深入人心。这里特别需要强调的是,隋唐五代是借助佛教来达到祈福永命,佛教题材要反映和服务这一主观愿望,所造之佛势必要有福相,营造的彼岸世界势必要体现极乐。隋唐五代时期的敦煌莫高窟多采用覆斗式,去除了平顶带来的压抑感,一般在正壁大龛或佛床上列置雕像群,三五成组,多则十余个。佛教雕像主要塑造佛(三身佛、弥勒佛、三世佛、七世佛、阿弥陀佛等)及其他佛教人物(观音、阿难、迦叶、四大天王、供养菩萨等)。人物塑造丰韵圆满、祥和亲切,如隋244号窟中的胁侍菩萨,衣着服饰富丽华美,体态优雅有肉感;再比如唐79号窟中的两个胁侍菩萨,人物塑造得曲眉丰硕、姿容俏丽、神采奕奕,一副大慈大悲的人间菩萨之相;又比如唐45号窟(如图25)中的七身群像,主佛盘腿端坐,体态安详,身边的佛弟子阿难则更加贴

---

① 郑师渠,王永平.中国文化通史:隋唐五代卷[M].北京:北京师范大学出版社,2009:384.

近真人形象,面容姣好年轻,身体微微后倾,呈扭胯姿态,双手随意放在小肚子前面,衣着华贵、灼灼有姿,整体形象潇洒飘逸,而两尊菩萨像更是塑造得惟妙惟肖、面容丰满、生动传神、姿态亲切,一副"秾丽丰肥"之态。

图25　敦煌莫高窟45号窟(唐)

　　与雕塑佛像重在塑造出丰韵福相所不同,隋唐五代敦煌莫高窟壁画旨在通过"庞大丰富的叙事"来劝导众人皈依佛门,并营造快乐祥和的彼岸世界和一块令人向往的西方净土。壁画中多数画面创作的源泉是佛经,比如《西方净土变》依据《无量寿经》而作,《维摩诘经变》依据《维摩诘经》而作。唐172号窟中的《西方净土变》(如图26)比较有代表性。所谓"净土"就是"红尘凡间"净化后的地方,也就是佛居住的地方。在这里,阿弥陀佛坐居核心位莲花宝座之上,两侧分别是观世音菩萨和大势至菩萨,周围分布着罗汉、护法、力士及供养菩萨、飞天、乐队、舞者、童子等群体铺满画面,人物排位主次分明,布局错落有致,画面热闹非凡。在这里,殿堂楼阁与曲槛回廊相呼应,七宝池与八功德水相呼应,青莲盛开与华鸭戏水相呼应,金银铺地与琉璃耀辉相呼应,莺歌燕舞与歌舞升平相呼应,富丽堂皇与色彩斑斓相呼应,丰硕圆满与调和悦目相呼应……整个"西方净土"描绘的其实是大唐盛世贵族的现实生活,构图方式采取的是中国化的

图26　敦煌莫高窟 172 号窟《西方净土变》(唐)

全景式图景,展现了一个可以感知的世俗化、民族化的美好"彼岸世界"。《西方净土变》属于典型的经变画,繁杂晦涩的佛教经典在现世创作者的理解和演绎下,变成一幅幅形象具体的视觉盛宴,让世人可以简洁直观地接受佛教思想。迈克尔·苏立文对此的解释是:"净土宗排斥复杂的说教,大量简化大乘佛教形而上学的抽象观念,提出只要信徒拥有简单直接的信念就可以进入佛教极乐世界,而最终获得安息和永恒的幸福。"①可以讲,这个理解十分恰当地反映了隋唐五代时期佛教造物观念的本质。因而,经变画往往带有现实生活的影子,具有时代性,体现了当时社会的造物观念。敦煌莫高窟壁画中的主要经变画除了前面两幅外还有《涅槃经变》《阿弥陀经变》《东方药师变》《弥勒经变》《观无量寿经变》《报恩经变》《思益梵天请问经变》《劳度叉斗圣变》《金刚经变》《法华经变》《金光明经变》等。

① 苏立文.中国艺术史[M].徐坚,译.上海:上海人民出版社,2014:153.

位于河南洛阳的龙门石窟,它不同于敦煌莫高窟的雕塑佛像艺术,是石刻艺术宝库。隋唐五代是龙门石窟发展的鼎盛期,所造石窟数量占据六成以上,经典代表作有万佛洞、奉先寺大卢舍那像龛等。万佛洞(如图27)完工于唐高宗时期,但是具有明显的女皇武则天时代特征,其碑刻题记载"大唐永隆元年(680)十一月三十日成大监姚神表内道场运禅师一万五千尊像一龛",大监姚神表是二品女官,作为皇家派出的负责人,其实代表着唐代上流女性的思想观念。万佛洞因供奉15000尊小佛而得名,分列于内室南北两侧壁龛中,属于功德供养佛。在内室中壁刻主佛阿弥陀佛,其面相丰润圆满,手施"无畏印",端坐于双层莲花宝座之上;主佛背后有52朵莲花座供奉着形态各异、面容姣好的供养菩萨,腰部方位还有四位金刚力士,石窟顶部则是一朵巨大的莲花。整个石窟造物风格具有明显的向往"西方净土"的信仰动力。奉先寺大卢舍那像龛则以高大著称,该窟露天依山而建,造一佛、二弟子、二菩萨、二天王和二力士,共计9身佛像。主佛高17.14米,其中头部就高达4米,是参照武则天本人容貌所造,微笑之态最为传神。梵文"卢舍那佛"的意思是报身佛,是给予大彻大悟的修行圆满者以回报的最大奖赏,因而不论主佛还是其他佛像,都是"人

图27　龙门石窟万佛洞(唐)

间情调"的表达,造像丰满祥和、身躯肥硕、衣褶华美、姿态柔和,似乎在诉说着惬意的修行生活和神往的安身立命。

位于山西太原的天龙山石窟,造佛也在隋唐时期达到顶峰,唐代14号窟是其代表。窟内一菩萨雕刻得十分丰满、姿态静肃,而另一个菩萨呈半趺坐,曹衣出水的罗衣,姿态优美。唐代9号窟的露天大龛中,顶层有一个8米高的坐姿弥勒大佛,其造型丰满优美、静肃安详,其左右的文殊菩萨和普贤菩萨也刻画得细腻华丽、生动传神。这些风格的石窟造佛在麦积山石窟、炳灵寺石窟等同样存在,可以讲,如此这些表现——在佛教造物观中植入深刻的中国化和世俗化理念,极具隋唐五代特色。

二、寺院佛塔中"中国式佛教"造物特征

隋唐五代佛教造物特点还表现在寺院佛塔建设上。寺院佛塔是佛教传教讲经、僧侣居住、供养佛像的地方,寺院与佛塔在中国佛教建造历程中经历了佛塔淡化与寺院强化的"此消彼长式变革",其根本原因在于佛教的中国化。隋唐以前,佛塔为中心的建造群比较盛行,佛塔位于中心,众僧沿袭印度佛礼俗而绕塔膜拜,后到隋唐,主流逐渐被佛殿讲堂为中心的中轴化建筑模式所替代,这种风格类似于中国皇家贵族庭院建筑格局。从现存的隋唐五代寺院看,"常见的形式为,南北中轴线配置,包括山门、天王殿、大雄宝殿、法堂、藏经阁等。东西配殿有伽蓝殿、祖师殿、观音殿、药师殿、罗汉殿、护法殿等"①。因年代久远,隋唐五代寺院留存至今的十分稀少,更没有完整留存案例。位于五台山的佛光寺至今还保留着唐代木结构大殿,实属不易。其为单层建筑,总殿为七开间布局,纵深八架椽,整体建筑尺寸约为长34米、宽18米,殿身由内外两个均等的柱网划分为内外两个空间,内部空间宽敞,用于供佛,在一个巨大长方形佛坛上供奉了三座主佛及菩萨、童子等佛像,共计34尊。佛殿里还保存了壁画,绘有佛说法、降魔护法图。佛光寺依托地形而建,用斗拱和梁枋连接内外槽,双层梁架设计,极具"殿阁"结构特征。对此,孙机评述道:"佛光寺大殿则

---

① 史仲文,胡晓林.中国全史:艺术卷[M].北京:中国书籍出版社,2011:538.

以其舒展的屋面、匀称的柱子、深远的出檐、雄大的斗拱,呼应搭配,构成一个有机的整体,使人感觉幽雅和雄浑这两种气质此殿兼而有之,的确是我国古建中的瑰宝。"①可见,隋唐五代寺院建筑风格已经摆脱了古印度建造理念,越来越民族化。这一时期,砖塔极具特色,位于陕西西安慈恩寺内的大雁塔,就是一座楼阁式塔,其塔身呈现内收状,如方锥体,塔内有楼层,可登高望远。唐代诗人刘禹锡诗云:"步步相携不觉难,九层云外倚阑干。"足见,唐代砖塔高至少能达九层,楼梯、栏杆、门窗等都是中国古代建筑的重要特征,这说明楼阁式佛塔建造理念是本土民族化的佛塔风格。与大雁塔齐名的还有小雁塔,它位于陕西西安荐福寺内,属于密檐式佛塔,其特点是第一层非常高大,其余则比较紧凑。小雁塔前五层逐渐内收,至第六层急剧收杀,从外观上塑造出秀美流畅之感。隋唐五代时期是寺院佛塔的黄金期,据《旧唐书·武宗纪》载,唐武宗发动的"会昌灭佛",高峰期拆除寺院有 4600 余所,僧尼还俗 260000 余人,收缴田亩千万顷,收奴婢 150000 余人。五代后周时期,在周世宗的抑制佛教政策下,曾没收赐敕寺院 30000 余所。通过这两次灭佛、抑佛记录的数字可以看出当时的隋唐五代寺院佛塔建造有多兴盛、多普及,佛教造物观影响深远。

第二节　彰显"繁华盛世"的王朝造物观

隋唐五代属于有为的时代,隋文帝、唐高祖、唐太宗、女皇武则天、唐玄宗、唐宪宗、唐武宗、周太祖、周世宗等帝王都励精图治、奋发有为,给繁华盛世提供了政治新气息。隋朝开创科举取士制度,打破了三国两晋南北朝长期存在的门阀士族限制,改革府兵制度,去除了门阀大族拥兵自重的弊端,建立三省六部制度,倡导节俭平徭赋,经济上进行多种改革,竭力弥合南北文化差异,恢复"儒学为本"的大一统文化政策,注重"孝道"的治国之本作用,奉行儒道佛三教并行的宽容政策,使社会焕然一新。李唐早

---

① 孙机. 中国古代物质文化[M]. 北京:中华书局,2014:140.

期统治者注重吸收隋朝有为之举和急剧灭亡之弊，把三省六部制度、科举制度继续发扬光大，改革府兵制，建立健全法律制度，修订完善《唐律》，在用人选才上不拘一格，修订了《氏族志》。唐朝统治者继续执行儒学为本、三教并行的宽宥政策，不论是唐高祖的"三教虽异，善归一揆"（《册府元龟·帝王部》），还是唐玄宗的"道教释教，其来一体"（《唐大诏令集·令僧尼无拜父母诏》），又如唐德宗的"释道二教，福利群生"（《册府元龟·帝王部》），贯穿李唐王朝的宽宥政策促进了儒释道三家文化的并进发展。不仅如此，唐朝还对景教、伊斯兰教等外来宗教采取同样的宽宥政策，促进多教共存局面。唐朝还对均田制和租庸调制进行了大力改革，扶植庶族阶层，并注意调和社会各层次之间的利益冲突，在文化上奉行多元开明包容政策。唐朝陆海"丝绸之路"发达，经历了"贞观之治""永徽之治""武周图强""开元盛世""元和中兴""会昌中兴""大中之治"等有为时代，建立了一个依靠强盛而聚拢四方的大一统封建王朝。杜甫《忆昔二首》中言："忆昔开元全盛日，小邑犹藏万家室。稻米流脂粟米白，公私仓廪俱丰实。九州道路无豺虎，远行不劳吉日出。齐纨鲁缟车班班，男耕女桑不相失。宫中圣人奏云门，天下朋友皆胶漆。百余年间未灾变，叔孙礼乐萧何律。"好一幅歌舞升平、仓满殷富、知书达理的太平盛世图景。五代十国时期，虽经历了半个世纪左右的分裂动荡，十国中仍然有南唐、后蜀、吴越、前蜀等相对稳定的区域，五代也有后唐明宗、后周世宗等奋发有为的君王，可以看作是李唐盛世的延续，为北宋统一天下奠定了基础。

一、享尽"繁华盛世"的造物观

隋唐五代时期，是繁华盛世的时代。"这一时期，随着统一的封建国家的巩固和发展，社会经济高度繁荣，国力强盛，中华民族的自信心空前高涨。"①一个大一统的文化自信时代，在造物观上也一定能有所表现，因此，彰显"繁华盛世"的王朝造物观是这一时期又一个造物特征。隋唐五

---

① 郑师渠，王永平. 中国文化通史：隋唐五代卷[M]. 北京：北京师范大学出版社，2009：27.

代的社会稳定富庶,给人们的现实生活提供了阅读繁华、乐享盛世的机遇,上至帝王将相,下至黎民百姓都对此做出了应有的回应。隋唐五代时期,人们重视生命、热爱生活、寄托来世,社会上流行"重生享乐观念"和"厚葬之风"。隋炀帝就是一位奢侈糜烂的帝王,《隋书·音乐志》记载了隋炀帝在天津街演百戏时的场面:"乃于天津街盛陈百戏,自海内凡有奇伎,无不总萃。崇侈器玩,盛饰衣服,皆用珠翠金银,锦罽绤绣。其营费钜亿万。"唐朝时期,唐玄宗李隆基及其宠妃杨贵妃也十分奢侈,用尽当世造物之精锐,以彰显奢华。据《旧唐书·后妃上·杨贵妃传》记载:"宫中供贵妃院织锦刺绣之工,凡七百人,其雕刻熔造,又数百人。扬、益、岭表刺史,必求良工造作奇器异服,以奉贵妃献贺,因致擢居显位。"可见,宫中造物巧匠云集,织锦刺绣和雕刻熔造样样精通,而扬、益、岭表刺史也通过"求良工造作奇器异服以奉贵妃"而获得升迁。《旧唐书·后妃上·杨贵妃传》又记载:"玄宗每年十月幸华清宫,国忠姊妹五家扈从,每家为一队,著一色衣,五家合队,照映如百花之焕发,而遗钿坠舄,瑟瑟珠翠,灿烂芳馥于路。"可见,唐玄宗晚年也十分讲排场,到华清宫的阵仗庞大奢华,所有人穿同样的颜色衣服,浩浩荡荡如"百花之焕发",路上有珍奇沿途掉落,队伍过后一股芳香袭人口鼻。另《古今事文类聚》记载了唐玄宗时期的"都中巨豪"王元宝,文曰:"常以金银叠为屋,壁上以红泥泥之。又置礼贤堂,以沉香为轩槛,以砆碔砌地面,以锦纹石为柱础,又以铜线穿钱甃于后园花径中,贵泥雨不滑。"这座金碧辉煌的"王氏富窟",其中的造物之精、之奢,即使只是通过文字表述而没有实物,也能读出其中的造物观——彰显"繁华盛世"。隋唐五代盛行的"重生享乐观念"还表现在现实中的"服食之风",社会各阶层都热心于"飞丹合药",通过服饵养生以延年益寿,或求长生不老。据《旧唐书》《资治通鉴》等记载,唐朝数代皇帝历来笃信飞丹合药,而"唐诸帝多饵丹药"(《旧唐书·郝处俊传》)在社会上起到了示范引领作用,很多达官贵族、黎民百姓纷纷效仿,不乏迷恋成瘾者。韩愈在《故太学博士李君墓志铭》中曾说:"余不知服食说自何世起,杀人不可计,而世慕尚之益至。"可见,服食之风甚盛,其中服食而亡者也不在少数。五代十国时期仍然流行奢侈、服食之风，据《册府元龟·宰辅部·奢侈》记载，后汉宰相苏逢吉"性多侈靡，好鲜衣美食"。《旧五代史·豆卢革传》记载了后唐宰相豆卢革"唯事修炼，求长生之术"，差点中毒身亡的故事。既然不能永生，那么就祈求百年之后有个"类似人间"的盛世繁华，以求死后永享富贵，因此隋唐五代时期也盛行厚葬之风。据《芠楚斋五笔》载："明年正月，葬同昌公主，服玩每物皆贰拾舆，锦绣珠玉，辉焕三十余里。"同昌公主是唐懿宗的爱女，英年早逝，特厚葬，各种陪葬品数量多、品种全，送行的队伍有三十余里，器物发出耀眼的光芒。

二、"繁华盛世"铸就的王朝造物观

隋唐五代"繁华盛世"也在这时期的绘画内容、建筑陵墓、大型雕塑中彰显得淋漓尽致。唐开元年间的知名画家张萱，以善于画雍容华贵的上流女性群体而著称，他画风中的人物"丰硕华贵"，比较真实地反映了当时贵族夫人们的现实生活。《虢国夫人游春图》（如图28）是张萱的代表作，整幅图突出人骑马游春的场景，但是用笔主要在人与马，而非景色。全图有九人八马，其中一马之上有侍母谨慎护着幼女，十分形象逼真，人骑马刻画得舒缓从容、姿态清闲，画面处处洋溢着虢国夫人和秦国夫人的雍容华贵、自信乐观、仪态万方。据《旧唐书·后妃上·杨贵妃传》载："有姊三人，皆有才貌，玄宗并封国夫人之号：长曰大姨，封韩国；三姨，封虢国；八姨，封秦国。并承恩泽，出入宫掖，势倾天下。"与虢国夫人一起的秦国夫人，以及未在画面中的韩国夫人都是杨贵妃的姊妹，她们地位显赫，权势滔天。

图28　[唐]张萱《虢国夫人游春图》

张萱的另一幅《捣练图》，也是表现贵族夫人现实生活的珍品。全图分三个场景，从捣练到织修再到拉直熨平，共刻画了 12 个人物形象，其中 11 人是劳作中的仕女，造型丰腴优雅、圆转柔韧，着色华丽明快、重彩渲染，人物刻画得"劳而不累"。另有 1 名孩童形象玩耍其中，刻画了一个五六岁孩童应有的可爱与调皮，为整幅画面增添了生活情趣和自由意蕴，可见他们多么悠闲自在，人人都享受劳作的乐趣。另外一位擅长刻画记录当时贵族夫人生活的画家是周昉，《簪花仕女图》描述了 6 位贵族妇女及侍女赏花游玩的场景，人物身着鲜艳华丽的服装，悠然自得地赏花逗宠，好一幅百无聊赖的贵族夫人图景。周昉刻画的人物丰秾，脸庞白皙，肌胜于骨，配上展翅欲飞的仙鹤、活蹦乱跳的宠物狗、可爱小巧的蝴蝶，加之辛夷花点缀其中，真实地反映了唐代社会生活的华贵富足。还有一幅反映唐代贵族夫人品茗行乐的《唐人宫乐图》，10 位贵族夫人围坐在长桌边，旁边 2 位侍女站立，高挽发髻，服饰鲜艳。图中贵妇丰硕白皙、雍容华贵的元素样样俱在，她们一起品茗、吃零嘴、弹奏各种乐器，十分欢快惬意。

隋唐五代的建筑陵墓特别凸显出王朝大国气魄。唐都长安城是世界古代史上建筑面积最大的帝国都城，它是在隋朝大兴城基础上改扩建而成，鼎盛时足有 84.1 平方公里。整体布局分为三个部分，即宫城、皇城和外郭城，依次为皇帝一族、王公大臣、黎民百姓居住或活动的场所。唐朝诗人白居易在《登观音台望城》中如此评述长安城："百千家似围棋局，十二街如种菜畦。遥认微微入朝火，一条星宿五门西。"诗人白居易用"围棋局""菜畦"来描述整个长安城的整齐匀称布局，用"一条星宿"来形容壮丽隆盛之景。登上观音台俯瞰，长安城的雄伟壮丽、宏大齐整尽收眼底，震撼到了见多识广的白居易。长安城有南北大街 11 条、东西大街 14 条，呈"井"字形排列，犹如"围棋局"，每个"菜畦"叫作"坊"，共有 108 坊，坊内居住着黎民百姓，这也是"街坊邻居"称号的源头。按照经纬布局、中轴对称、方位排列的长安城，充满着中国文化的思维模式和建造理念，北宋的宋敏求在《长安志》中如此评论："棋布栉比，街衢绳直，自古帝京未之有也。"唐长安城的建筑风格与格局布置还深刻影响到亚洲儒文化圈的国家和地区，足见其壮观震撼。"在这样的城市里首先要突出皇家之尊，所以

中国传统造物观

宫殿建筑要尽可能地壮丽。大明宫含元殿面阔 67.33 米、进深 29.2 米。面积近 2000 平方米,与北京故宫太和殿相近。"①大明宫是皇帝活动的场所,尊贵之意显而易见,加上长安城的太极宫、兴庆宫、掖庭宫等宫殿,玄武门、朱雀门、通化门、玄德门、承天门、永安门、明德门、金光门等门楼,太庙、太常寺、鸿胪寺、太社等寺庙行政建筑群,再加上常乐、群贤、永安等108 坊和东西市场,长安城绝对可以称得上大唐王朝鼎盛的象征。隋唐五代时期,统治者不仅建造了壮观雄伟的都城,还建造了皇家园林用于休闲娱乐,比较典型的有隋西苑,唐华清宫、兴庆宫等。西苑为隋炀帝所建,取意"天之瑶池",唐时重修并改名东都苑。西苑以规模面积巨大著称于世,整个园林周长是 100 千米,内有延光、永乐、明德等十六院,有曲水池、冷泉宫等观赏景观,被誉为"天下第一苑"。《隋炀帝海山记》中载:"周环四十里,中有三山,效蓬莱、方丈、瀛洲,上皆台榭回廊,水深数丈。开沟通五湖四海,沟尽通行龙凤舸。"好一片恢宏广袤的皇家园林景观。而华清池,依山傍水而建,以规模宏大、楼阁殿堂矗立、建筑壮丽闻名于世。除了皇家园林,隋唐时期还有很多私家园林,在此不再赘述。

陵墓石雕是凸显王朝大国气魄的又一造物精品,唐代帝王的"关中十八陵"②最具代表性,其中有 15 座是依山而建的陵墓。天然峰峦为坟,建

---

① 孙机.中国古代物质文化[M].北京:中华书局,2014:146.
② 关中十八陵包括:献陵——唐高祖李渊陵,位于三原县城东白鹿原;昭陵——唐太宗李世民陵,位于礼泉县城东北九嵕山;乾陵——唐高宗李治和女皇武则天的合葬墓,位于乾县城北梁山;定陵——唐中宗李显陵,位于富平县城西北凤凰山;桥陵——唐睿宗李旦陵,位于蒲城县城西北丰山;泰陵——唐玄宗李隆基陵,位于蒲城县城东北金粟山;建陵——唐肃宗李亨陵,位于礼泉县城东北武将山;元陵——唐代宗李豫陵,位于富平县城西北檀山;崇陵——唐德宗李适陵,位于泾阳县城西北嵯峨山;丰陵——唐顺宗李诵陵,位于富平县城东北金瓮山;景陵——唐宪宗李纯陵,位于蒲城县城东北金帜山;光陵——唐穆宗李恒陵,位于蒲城县城北尧山;庄陵——唐敬宗李湛陵,位于三原县城白鹿原;章陵——唐文宗李昂陵,位于富平县城西北天乳山;端陵——唐武宗李炎陵,位于三原县城东北白鹿原;贞陵——唐宣宗李忱陵,位于泾阳县城西北仲山;简陵——唐懿宗李漼陵,位于富平县城北紫金山;靖陵——唐僖宗李儇陵,位于乾县城北鸡子堆。(史仲文,胡晓林.中国全史:艺术卷[M].北京:中国书籍出版社,2011:469.)

造墓室,四周建内、外双层城墙,并开四对中门,门口均有一对石狮,其中南门为"古之神道",两侧陈列数量不等的大型陵墓石雕。昭陵司马门内列置了 14 个诸蕃君长雕像①,向世人展示了李唐王朝"君天下"的国威与气魄,而玄武门内的"昭陵六骏"②,采用浮雕手法刻画出体态矫健、雄劲体硕的西域宝马形象,显示了自由奔放的王朝风度。昭陵的帝王之相还在于它是一个规模巨大的陪葬墓,据《小方壶斋舆地丛钞》载:"九嵕山下陪葬诸王七、嫔妃八、公主二十二、丞郎三品五十有三、功臣大将军以下六十有四。"足见陪葬墓数量之大、规格之高,真是生为帝王,死有帝陵。乾陵是唐高宗和武则天的合葬墓,整个陵墓是按照长安城布局设计的,城门、献殿、祠堂等建筑群和大型石雕像参差布置于有"龙盘凤翥"之势的山峦中。朱雀门外有一块高 7.53 米的举世闻名的无字碑和一对高达 8 米的八棱柱石华表,还有展翅欲飞的石雕翼马、高浮雕手法的鸵鸟、石仗马、石翁仲、六十一蕃臣像(如图 29)、高大雄伟的石狮等,都在诉说或彰显着李

图 29　乾陵六十一蕃臣像

---

① 十四诸蕃君长石刻像有:阿史那社尔,李思摩,吐蕃的松赞干布,突厥的颉利、突利二可汗,林邑王范头黎,薛延陀、吐谷浑的首领,龟兹、高昌、焉耆、于阗诸王,婆罗门帝那伏帝阿那顺,新罗王金德真等。

② 昭陵六骏为"拳毛𬴃""特勒骠""飒露紫""青骓""白蹄乌""什伐赤"。

唐王朝的帝国气概和独尊地位。隋唐五代时期的繁华盛世还在这一时期的大型雕塑中得以体现,从另外一个维度讲述着王朝造物观。追求高大就是追求独一无二的造物视角表达效果,大型雕塑作品不仅在前面的帝王陵墓石雕中得以体现,更在露天大型雕塑体中被发挥得淋漓尽致。乐山大佛就是其中的典型代表,乐山大佛是唐代建造的一尊弥勒佛,它通体高达71米,有"佛是一座山,山是一座佛"的说法,历时90年建造完成,属于摩崖石刻造像。而同在四川的安岳县有唐代卧佛一尊,为释迦牟尼涅槃佛睡姿,身长23米,造像巨大,采取卧榻之姿,似睡非睡,也属于大型雕塑作品。当然隋朝修建的京杭大运河也体现了王朝造物观。

第三节 体现"开放包容"的多元造物观

隋唐五代是中国古代史上一个极不平凡的时代。就当时世界诸国看,隋唐五代时期,特别是李唐王朝,国力超凡,疆域辽阔,国富民强,文化自信,领先诸蕃,唐太宗曾言:"唯魏征劝朕'偃武修文,中国既安,四夷自服。'朕用其言。"(《资治通鉴·唐纪九》)足见,李唐王朝的文化自信和开放包容。可以讲,正是由于隋唐五代时期开放包容的政策和繁荣昌盛的社会现实,才吸引了五湖四海的异域文化、边疆文化、少数民族文化汇聚于此。而隋唐五代更以兼容并收的博大胸怀不断接纳"异文化",并不断以自我为中心的文化自信对"外来文化"进行吸收和转译,造就了隋唐五代的文化昌盛和大国气魄。威尔斯在《世界简史》中基于同时空中欧对比视角下如此评述盛唐文化:"当西方人的心灵为神学所缠迷而处于蒙昧黑暗之中,中国人的思绪却是开放的、兼收并蓄而好探求的。"[1]有学者曾用"世界性文化"来形容隋唐五代时期,是有一定道理的。长安城是全世界的经济文化中心,吸引着不同国度、不同地区、不同民族、不同文化、不同行业的人们汇聚于此,唐政府设置鸿胪寺专门对接各国使者和友好人士。

---

[1] 威尔斯.世界简史[M].余守斌,译.北京:新世界出版社,2013:86.

汉族文化与边疆少数民族文化在中华大地充分融合共生,共同促成了一个全国性的、不分地区的混合型文化,在造物观上也就体现出"开放包容"的多元造物观。

一、海纳百川的多元造物观

面对域外"异文化"的不断东渐,隋唐五代时期表现出一种文化自信下的"海纳百川有容乃大",极具吸引力和转化力。伴随着陆上和海上丝绸之路渐入佳境,统治者采取兼容并收的包容政策,隋唐五代时期中外交流十分兴盛,一时间,官方使节往来,民间商贸往来,中外文化交流步入繁盛阶段。据《册府元龟》载,外域番邦朝华者络绎不绝且多次来"朝圣",比如撒马尔罕朝贡 31 次、布哈拉 17 次、吐火罗 35 次、阿拉伯帝国 37 次、五天竺 19 次、东罗马 7 次。同时,隋唐统治者也遣使出访他国,比如隋炀帝曾派使节到赤土(今泰国境内)和西域诸国,唐高宗时派遣使节去过东罗马。历史有名的玄奘去印度取经,并写下《大唐西域记》,而义净则从海上去印度取经,撰写了《大唐西域求法高僧传》。外域商人、僧侣来华者更甚,佛教、景教、祆教、伊斯兰教、摩尼教等教派到中原来传教立说者不计其数,九姓胡商、波斯、阿拉伯、大食、大秦等国商人络绎不绝,有的甚至定居长安,逐渐汉化。在长安城内可以听到扶南乐、曹国琵琶、米国民歌、骠国曲等,还可以欣赏到胡旋舞、胡腾舞等,也可以吃到西域美食,自然更可以用上玻璃器、玛瑙器、象牙器等外域器物。可以讲,外域的宗教、历法、舞蹈、音乐、美术、美食、医术、矿物宝石、飞禽走兽等都在中原大地得以呈现,并渗透至隋唐五代时期人们的生活各领域。面对广泛而又不同的异域文化,隋唐五代表现出强大的吸收与转化能力,在以自我为中心的文化自信下,对宗教、音乐、杂技、舞蹈、雕塑、工艺、绘画、美食、果蔬、调料、材质等等领域进行博采众长、有效转化、融通创新,丰富和创新了中华造物观理念和内涵。1957 年在陕西西安鲜于廉墓出土了一件唐三彩釉陶载乐骆驼(如图 30),记录了大唐司空见惯的中外文化交流的场景。这件唐三彩由骆驼和胡人乐队组成,骆驼仰头做嘶鸣状,身披彩毯,驼峰处有五人在奏乐舞蹈,其中四人正弹奏琵琶、拍鼓等,中间一人正在随乐而舞,十分

图30　唐三彩釉陶载乐骆驼

生动传神,最重要的是人物形象是西域人模样,加上骆驼和毛毯,完全是西域舶来文化。一同出土的还有一件骑卧驼三彩俑,骆驼呈卧姿,四腿着地,仰头嘶鸣,双峰之间有一个胡人骑在中间,正欲扬手拍驼,造型形象动人。在河南洛阳出土的一件三彩胡人骑驼陶俑,骆驼的双峰间坐着一胡人,深目高鼻,头扎幞头,肩上站立一只猴子。根据服饰判断,此胡人系西域康国人形象。此类胡人形象的唐三彩俑在隋唐五代墓葬品中并不罕见,比如背包旅行的大食人陶俑、拿着壶的胡人陶俑、形象各异的胡人俑,说明这一时期的造物已经把外来文化和外来人物形象都纳入自己的视野中。穿胡服、吃胡食、奏胡乐、跳胡舞、化胡妆等都是一种生活常态。白居易在《胡旋女》中写道:"胡旋女,胡旋女,心应弦,手应鼓。弦鼓一声双袖举,回雪飘飘转蓬舞,左旋右转不知疲,千匝万周无已时。"真是一支美妙的胡人乐舞,令人神醉。

1958年在西安独孤思贞墓出土的一件海兽葡萄纹铜镜,属于典型的波斯文化纹饰风格的铜镜,是欧亚大陆文明的交汇与融合。1955年西安唐长城遗址出土的波斯萨珊王朝库思老二世统治时期的银币,其正面是国王的半身像,背面为波斯的祆教祭坛。1953年陕西咸阳出土的东罗马帝国查士丁二世时期的金币,正面是国王正面半身像,只见他右手托着地球,左手握着盾牌,背面是女神头像。这些钱币记录了中西文化的交往历史。20世纪初在新疆吐鲁番出土的回鹘文摩尼教寺院文书残卷一本,记录了回鹘官府按照唐朝三省六部制进行管理的历史事实,而781年唐德宗时期立的《大秦景教流行中国碑》,用古叙利亚文和汉文楷书书写,讲述了景教在唐朝传播流行的情况,其中的大秦就是对古罗马的称呼。1956年在西安八府庄出土的一件葵口三足狮子纹鎏金银盘,整体呈葵花状,盘中核心区域装饰有一头狮子,矫健有力,回头仰吼,盘缘是一圈花纹,盘底有三足。狮子纹饰本不是隋唐五代时期的主流纹饰,那时狮子也在中原地区绝迹,只有少量西域进贡,所以属于舶来品纹饰。据载,狮子主要是吐火罗、大食、米国、康国、波斯等外域国家进贡到中原,如此凶猛大兽,引起了中国工匠的关注,将其作为外来文化因素融入中国传统纹饰之中,才有了这类特殊的"金花银盘"。隋唐五代这种兼容并蓄、开放包容的造物理念,在诸多器物工艺中得以体现,比如织锦工艺中流行的波斯萨珊式图案、陶瓷造型中的西域样式等。隋唐五代可谓"长鲸吸百川",创造了以自我为主流的世界文化盛宴。

二、"和同为一家"的"中华共同体"造物观

"和同为一家"是对隋唐五代开放包容政策下的"大中华格局"的一种写照。"和同为一家"有三个方面的内涵:一是"一家",众星捧月必须有一个月亮光辉耀目,足以起到聚拢繁星的实力,这个"一家"就是中华文化;二是"和",即隋唐五代居于高位巅峰而不霸、不欺,而是采取"和天下"策略,不耀武扬威、不排斥异己,从而为"一家"提供策略保障;三是"同",中华文化发挥出独特魅力,在博采众长的基础上发挥出更加耀眼夺目的光环,使得各民族同心同向,各文化融通并存,万国拜服效仿,打造了举世瞩目的中华文化圈。隋唐五代"和同为一家"格局,反映在造物观上就是百花齐放的造物时代里,各种文化因子都能获得出场的机会,都能盘缠在中华文化这棵大树之上获得勃勃生机。中华文化同其他文化一起共同筑起隋唐五代开放包容的造物观。

隋唐时期,统治者采取开明的民族政策,恩威并施,征伐、招抚、和亲、惠赠等手段全都使用过,可谓文德与武功并用。隋唐作为当时最强盛的国家,天然的优越感使其能够带着平和的心态去认识和处理各少数民族关系。当然能够采取开明的民族政策,也与隋唐统治阶层内部的"胡汉血缘"有很大关联。据考证,处于隋唐核心统治者阶层的关陇集团,就是胡汉杂糅通婚的集团。胡汉杂糅局面使得原本的"夷夏之辨"观念逐渐淡化,历史上统治阶层固守的"夷夏大防"观念也逐步更新,唐太宗认为:"盖德泽洽,则四夷可使如一家。"(《资治通鉴·卷一九七》)唐太宗认为各民族百姓都是人,与中原汉族之间不必互相猜忌、互相提防,而应同为一家,同属中华民族这一民族共同体,所以唐太宗坚持"爱之如一"。在隋唐开明民族政策下,在少数民族聚集地则采取类似于"民族区域自治"的羁縻政策,但不同于今天的是,羁縻政策下的册封首领可以世袭,多采取和亲政策维持血缘关联性,并且优待各族精英子弟或到中原为官,这大大增加了少数民族对中原的向心力和凝聚力。自此,汉族皇帝也是各民族的共主,真正形成了"中华共同体"观念。

强大的隋唐,其文化、经济、政治、习俗、技术等诸多方面也在不断地向各少数民族地区传播。靠近中原的东北地区,逐步学会了耕种、建造、礼制、政体、文字、雕刻、服饰等已经接近完成汉化。广袤的北方草原游牧民族,过着"沿水逐草而居"的游牧生活,逐渐接受来自中原地区的佛经、雕刻技术、历法、墓葬习俗等。西北地区的西域各族,更是借助繁忙兴盛的丝绸之路与内地频繁互动、密切来往,汉化与民族杂糅程度十分高。地处青藏高原的藏族也与内地来往密切,唐太宗时期,吐蕃王朝赞普松赞干布主动与大唐王朝和好,并通过和亲方式,娶文成公主,实现汉藏"和同为一家",至今竖立在拉萨大昭寺门前的"唐蕃会盟碑"就是一个史证。据《旧唐书·吐蕃传》和《新唐书·吐蕃传》中记载,唐朝的诸多纺织品、纸墨以及烹饪、建筑、耕种、造酒、医药等技术传入西藏,并有相关的能工巧匠、技术人员去往吐蕃,佛教也在此时传入。南部诸番邦,原本多为蛮荒之地,南诏与唐建立藩属关系,大力引进中原先进技术和制度,汉族文化与造物理念在南诏广泛传播,佛教也获得传播,大理崇圣寺三塔就是史证。与此同时,边疆少数民族文化和造物理念也传入中原,对隋唐五代时期的文化繁荣和造物发达做出了贡献。边疆地区以其丰富的物质财富贡献中原地区,来自西域和草原地区的马、牛、羊、骆驼丰富了中原地区的饮食素材和造物题材,特别是骆驼在唐三彩中广泛存在。一些中原地区少见或没有的犀牛、大象、貂鼠等动物,也出现在隋唐五代时期的工艺品中,或以纹饰题材出现,或作为造物材质被使用。还有他们的金银玉器、琥珀玛瑙、珍贵药材、棉花棉布、石榴葡萄等大量传入中原。更重要的是,边疆地区的人才融入中原,他们来内地留学、经商、出仕、定居、通婚,给内地带来了新鲜血液,他们的舞蹈、服饰、音乐、习俗、信仰、游戏等也一同传入中原。这些物品和人员等融入中原,在一个个不起眼的小领域发挥着重大作用,不断改变着隋唐五代时期人们的生活方式、思维理念和造物观。1958 年在西安出土的彩绘陶打马球女俑,表现的是一场唐代女子马球比赛的热闹场景。女俑着紧身服,骏马的尾巴被束起,她们策马击球,神态生动传神。唐代十分盛行打马球,不仅民间喜爱,在皇帝中也不乏爱好者,比如唐玄宗。马球又称击鞠,它源于吐蕃,是藏族文化对中原文化的重要影响之一。在中国国家博物馆藏有一块含光殿"毬场"石志,上刻有"含光殿及毬场等,大唐大和辛亥岁乙未月建"文字,说明唐代的大明宫含光殿内建造了马球场。1970 年西安何家村窖藏出土的舞马衔杯壶(如图31),是一件仿皮囊式金银器,其造型就来自北方草原民族常用的皮囊。壶上的骏马跃腾,壶盖呈现莲花瓣状,整个器型中还有马镫造型的影子,马镫、皮囊和骏马都是草原民族文化特质,出现在唐代工匠造物思维理念中。1959 年西安市中堡村出土了一件国家一级文物唐三彩陶骆驼载乐俑,从造物观维度看,它真实反映了民族杂糅和文化融合的社会现实。骆驼是边疆和外域文化传入中原的典型动物,有驼峰,但是此件唐三彩去除

图 31　唐鎏金舞马衔杯纹银壶

了驼峰,改造为铺着彩毯的平台。乐俑共八人,中间一位载歌载舞的女子,其丰腴的体态、宽衣长裙,属于唐朝女性特质。七名男性演奏者十分投入卖力,前端乐俑,或执箫或捧笙做吹奏状;后方乐俑,执排箫做吹奏状;左侧乐俑,或拍板或手托笛做吹打状;右侧乐俑,或怀抱琵琶或拿箜篌做弹奏状。整件作品胡汉文化杂糅,各种文化因素都参与其中,说明造物之初已经具有开放包容的多元造物理念。

隋唐五代时期,儒道佛都获得长足发展,基于大一统政治需要,儒家则重归正统地位;道教与李唐王朝攀上了同姓之便,获得统治者的格外恩宠;佛教在中外交流密切和统治者开明包容政策的影响下,通过全面中国化迎来繁荣发展,真正本土化的禅宗异军突起。隋唐五代时期,曾经的门阀风光不再,庶族地主阶级获得发展;曾经的南北文化之争得到调和和化解,在强大的大唐文化引领下走向大融合,胡汉文化也实现了大融通。隋唐五代是多元文化并存共生的时代,儒道佛三家在磕磕绊绊中走向融合。

隋唐五代统治者在治国理政中坚持"调和"策略,并通过"三教论议",促进三家学说互学互鉴,推动自由辩论的学术氛围和融通诸说的多元文化格局形成。进入五代十国时期,儒道佛合流基本完成。从儒道佛三家合流看,隋唐五代时期开放包容的造物观又体现为儒道佛共同成为造物思维的文化源泉,"器以载道"的造物格局基本形成,其"道"就是中华文化精神。

第八章　宋元时期的造物观

907 年,耶律阿保机称帝建立契丹国,40 年后耶律德光改国号为辽, 1125 年亡于金,历时 118 年。

960 年,赵匡胤黄袍加身发动兵变,建立北宋,史称宋太祖。1127 年 北宋灭亡,赵构偏安江南建立南宋,1279 年被元所灭。两宋共计历时 319 年,其中北宋 167 年,南宋 152 年。

1115 年,完颜阿骨打建立金,史称金太祖。金先后歼灭辽(1125 年)、 北宋(1127 年),后于 1234 年被南宋和蒙古联军所灭,历时 119 年。

1038 年,李元昊称帝建立大夏,宋人称之为西夏,1227 年被蒙古所 灭,历时 189 年。

1206 年,成吉思汗在漠北建国,号大蒙古国。1271 年,忽必烈改国号 大元,1279 年统一全国,建立多民族、广地域的强大元帝国。1368 年,元 亡于明,历时 162 年,其中有 92 年的全国统一期。

若从北宋 960 年建立算起,至元灭亡于 1368 年止,共历时 408 年,其 间有 300 余年处于辽、金、西夏、元与宋对峙的状态。辽、北宋、金、西夏、 南宋先后建国并历经辉煌,又几经覆亡,最终归于元朝,才有了近一个世 纪的大一统时期。宋元时期,两宋居于中原,是中华文化的发源地,儒道 佛三家继续深度合流,理学勃兴,推动中华造物观中极简求理的新特征出 现;辽、西夏、金、元是由边疆地区兴盛起来的少数民族建立且与两宋并立 共争的游牧民族政权,其觊觎中原之志昭然于世、路人皆知,契丹、党项、 女真、蒙古族都属中国北方草原文化,在入主中原的政治愿景下,都自觉 或不自觉地推动了游牧文化与农耕文化的交流碰撞,最终走向了融合共 生,其文化主流仍是深度合流后的儒道佛文化,并辅以各少数民族独特的 区域文化特质,共同促成了辽西夏金元在造物观上呈现出中华文化与少 数民族文化共生的特征,既有中华文化的儒道佛之气,又有少数民族粗犷豪放的刚劲之质。总体而言,宋元时期造物观,代表中原农耕文化的两宋更加崇尚文治,其造物观中具有明显的幽雅尊贵之质;代表北方游牧文化的辽、西夏、金、元更加崇尚武略,其造物观中具有明显的粗犷豪放之气。

对于如此一段纷争不断而又共生并存的历史时期,各方政权都在原有中华造物文化基础上进行了升华与变迁。两宋地处中原,传承和弘扬了中华造物观的主脉络。与隋唐五代相比,两宋时期的造物观一改鼎盛时期的"大一统社会"特质,去除了由此产生的雍容华贵之气,转向了幽雅尊贵;去除了由此产生的恢宏磅礴开阔之势,转向了极简求理的严谨含蓄之意。伴随着两宋理学蓬勃兴起,整个两宋,特别是南宋时期的造物观呈现出"极简求理"的儒雅气质。辽、西夏、金、元发迹于辽阔的北方地区,在文化上属于游牧文化,在隋唐五代时期属于最靠近中原文化的"胡文化圈",雄心勃勃的少数民族领袖奋发图强,文韬武略需样样精通。对于统一天下而言,"武略"更重要、更有效且更符合游牧文化精神内核,所以相比较两宋崇文而儒雅的社会气质,辽、西夏、金、元则去除了舞文弄墨的儒雅之气,采取强悍英武的尚武精神,去除了追求简约素雅的理学精神,而采取粗犷豪放的刚劲之质。

第一节　两宋"极简求理"的儒雅造物观与
造物中的都市文化

两宋社会是文雅的文人社会,两宋的"右文"政策对其社会治理和造物理念产生了重要影响。鉴于唐五代的历史教训,两宋社会特别崇儒重教,喜用文人治国。明人朱国祯在《涌幢小品》中言:"宋朝诸帝,多优文事,兼长书画。"两宋时期非常重视各级各类教育,把儒学教育贯通其中,并在选用官员时重用文臣而削弱武将。两宋社会以儒为主用,并辅以佛道为补充;重视修史用史,收藏文献以广发天下;重视通过科举选拔人才,取消门第限制以平等对待寒门士子;重视对文人的保护,不杀士人。两宋在"右文"政策的影响下,社会哲思出现新气象,理学、心学得以孕育化新并广开枝叶,一批又一批的思想文化圣贤横空出世,各种学派互相争论,大有"新诸子百家争鸣之气象"。特别是理学,对两宋时期的思想观念、社会认知、日常习俗、精神风貌、造物观念等产生深刻影响,在整个文化走向上甚至把隋唐时期的"大开放大容纳"直接进行了一百八十度的大转弯,转至两宋时期的"大回望大反思"。聚焦在造物观上,相较于隋唐的富丽堂皇、恢宏多元风格,两宋追求"唯造平淡难"的极简求理式儒雅造物观。这种造物观以平易、淡泊、言简、辞约为表象去彰显隽永、含蓄、意高、理深的造物之效。两宋塑造了一种文人精神的社会生活模式,催生了宋人在现实生活与精神生活上的分裂:一方面,宋人在现实造物上追求简单实用的生活用品,去奢华,存素雅;另一方面,宋人在精神造物上追求极致工艺与涵养精神,去粗俗,存工艺。

两宋社会都受困于边患,辽、西夏、金、蒙古在不同时期给两宋政权带来麻烦,甚至是致命攻击。1127年北宋亡于金,宋高宗赵构承继一脉,建南宋偏安东南152年,最后亡于元。两宋虽受到频繁边患,但是宋人在北宋汴京和南宋临安先后打造了繁荣的都市文化,呈现了一幅歌舞升平、瓦肆勾栏、酒楼吃食、人声鼎沸的太平盛世画面。这种都市文化的繁荣和发展,对两宋造物观产生了明显的影响,服务于都市生活的造物文化由此兴起。

一、两宋"大回望大反思"下"极简求理"的儒雅造物观

两宋的"大回望大反思"促使其"以古变古"和理学勃兴,文化上以自我为主的吸取和创新促成了一个哲思精进的时代。两宋所回望的是先秦儒学,反思的是隋唐文化危机,带来的是思想文化丕变,故而晚清经学家皮锡瑞把两宋称之为"变古"阶段。郑师渠在《中国文化通史·两宋卷》中指出:"中国两千年封建文化经历一次更新,文化上'丕变',各个文化领域内受到了震荡,出现了新的因子,展现出新风貌,体现出新特征,难怪国外学者把两宋理学称为新儒学(New Confucianism)。"①这一论断是非常有道

---

① 郑师渠,吴怀祺.中国文化通史:两宋卷[M].北京:北京师范大学出版社,2009:3.

理的,两宋文化上的更新绝不是隋唐五代的延续,而是大回望之后"变古"阶段。两宋文化发展经历了两次变革高潮期,先变于宋仁宗期,后变于"中兴"四朝。在此文化变革创新高潮的推动下,儒学经历蜕变而生发出理学。宋仁宗庆历年间的变古首先推动了文化新思潮发展,两宋文化就此发生较大变革,不论是经史子集,还是文学教育,又或是艺术宗教等领域都展现出新气象。这种新气象的核心是儒学继承中的巨大创新,并在充分吸收和借鉴佛道思辨议题之上,把儒学从人伦之学引入深邃的本体论哲学探讨领域。

相比隋唐五代时期儒道佛融合历程中的大开大合、波澜壮阔等特点,两宋则更为理性与温和。两宋对儒道佛采取了柔和策略,在高扬儒学时,对佛道采取共生态度,并从深邃的道佛哲学思想中汲取营养,在两宋理学家的助推下构建了儒家新理论体系。周敦颐与慧南法师交往密切,程颐赞叹禅学"不动心"的深刻之理,张载、陆九渊的思想渊源中多与佛学有关;邵雍则深受陈抟道学影响,周敦颐的"太极"哲学范畴显然是源自《易传》,精神境界则源于《中庸》,"无欲、主静"则是佛学禁欲主义;朱熹则是博采了"禅、道、《楚辞》"众长。可以讲,两宋儒学援引佛道哲学思辨命题以革新先秦儒学,从而更新了新儒学,从本体论、心本论、思维方式等维度改变了儒学的理论渊源。同时,道佛在中华大地上几经波折,终于学会了在儒学文化圈中得以长存之策,援儒入佛道,基本完成佛学本土化和道儒融合。

两宋文化的丕变和更新,使金石学兴起。把器物作为一门考古重要分支发展起来,刘敞首开其道,后有赵明诚的《金石录》30卷、吕大临的《考古图》等著作问世,两宋已经充分认识到古器物蕴含的价值。两宋文化从器物造型、主流审美、技术工艺、美学思维等诸多方面大大影响到了其社会造物,形成"极简求理"的儒雅造物观。

两宋"极简求理"的儒雅造物观首先在绘画和书法中得以体现。两宋绘画在中国古代史上是一个顶峰期,两宋皇帝不乏书画艺术爱好者和高手,宋徽宗是其中代表。宋朝皇帝汇聚天下书画才俊于都城,并推动成立了官方画院——翰林图画院,其水平冠绝全国,其中就有北宋的高文进、董祥、张择端,南宋的李唐、刘松年、楼观。两宋山水画、人物画、花鸟画、水墨梅竹画、壁画都是人才济济、硕果累累,李成的《寒林平野图》是对萧瑟的隆冬平野景色的写真和人格升华,尤以在天寒地冻中挺拔干练的两株松树为画面主体,好一幅用山水写人格、用浅墨手法描写远景以彰显儒家傲骨的佳作。范宽的《溪山行旅图》则以浓墨渲染川陇雄山大川的巍峨近景,董其昌赞赏其为"宋画第一",其艺术风格中体现出"师法自然"的道家哲学和"重视内心情感"的儒家伦理。宋徽宗赵佶的《听琴图》(如图32)重在描绘"听"字,其意境悠远文雅,简洁的人物构造就达到了曲在画中的效果,高山流水遇知音,学问相通意境深,构图简单而意境深远,理在其中。两宋画家还在花鸟画和梅竹画中寻找"人格化的至高品格"。北宋文同以"竹如我,我如竹"进行人格化画竹,把天然之竹的茂盛不骄、瘁瘠不辱与读书人的儒道品格联系在一起,创作达到"成竹在胸"的境界。苏轼也擅长水墨笔法画竹,他的《古木竹石图》,笔墨简约却画出了古木的遒劲和疏竹的年轻态。

两宋"极简求理"的儒雅造物观突出表现在工艺造物上。两宋在海上丝绸之路贸易繁盛的拉动下,手工业发展迅速。《宋史·职官志》记载,文思院"掌造金银、犀玉工巧之物,金采、绘素装钿之饰"共40余种工艺造物,除了文思院还有绫锦院、文绣院等。南宋吴自牧在其笔记《梦粱录》中记载临安城:"最是官巷花作,所聚奇异飞鸾走凤、七宝珠翠、首饰花朵、冠梳及锦绣罗帛、销金衣裙,描画领抹,极其工巧,前所罕有者悉皆有之。"两宋手工业发展带动了两宋工艺造物的繁荣,工艺水平日臻精湛,特别是两宋陶瓷制造技术取得进步,推动了两宋陶瓷制造规模和工艺水平提升,北方的定窑、汝窑、官窑、钧窑、磁州窑,南方的哥窑、景德镇窑、吉州窑、龙泉窑、建窑遍布大江南北。两宋定州缂丝、温州漆器、湖州铜镜等造物工艺同样精湛。两宋理学提倡"言理不言情"的义理对两宋造物工艺风格产生重要影响,因而其工艺造物不论陶瓷金工还是漆器家具都以质朴的造型为主流,大大去除了隋唐五代时期盛行的繁缛华丽,具有沉静素雅的造物风格。两宋造物素雅清淡、严谨含蓄,源自两宋理学,因而造就了其"极简求理"的儒雅造物观。

图 32　宋徽宗赵佶的《听琴图》

两宋有"瓷的时代"之称,英国学者迈克尔·苏立文在《中国艺术史》中这样评述:"我们今天推崇备至的宋代艺术是由社会和知识精英阶层生产和制造,也是为他们服务的。这些知识精英比中国历史上任何其他时代的知识分子都更有修养,为他们所制造的陶瓷也反映了他们的品位。某些唐代陶瓷可能更强健,清代陶瓷可能制作更精良,但宋代陶瓷则具有形式上的古典纯洁感,釉色上展示了早期陶瓷的活力和晚期陶瓷的精良之间的完美平衡。"①两宋官窑、民窑齐进,各地窑业并驾齐驱,各具特色,从名窑上看有汝、定、钧、哥、官,从瓷类上看有白瓷、秘色瓷、青瓷、冰裂开片瓷,既有"汝窑为魁""金丝铁线的传世哥窑",又有"纵有家财万贯不如钧瓷一片"。正因两宋陶瓷造型独特、形态优美、花纹含蓄、釉色素雅而自成一派,并由此获得沉静素雅的风格,后人因此称呼为"宋瓷"。两宋官窑深受崇古风尚的古器物学影响,基于真美需要和上流人士"回向三代"政治抱负之上,两宋官窑陶瓷制作追求质朴无华的仿古铜器、玉器造型器物,并一改青瓷窑口釉色低沉风格而创烧出粉青、天青等亮丽色。两宋官窑出品的贯耳瓶、双耳炉等经典瓷器,其表面润滑如脂,紫口铁足,全身青色,釉质晶莹,布满龟裂纹,整个器物犹如微风吹皱一塘碧水。两宋汝窑属于官窑,以化解定窑瓷器"有芒"而在汝州造青窑瓷器,因其烧制时间和宫廷制造要求苛刻、工艺精益求精、传世作品少而获赞"汝窑为魁"。

上海博物馆馆藏的汝窑天青釉盘,器型简洁沉稳,厚润的天青色釉质加上蝉翼状细小开片,散发出素雅清逸之气,处处彰显出两宋醇厚的理学文化底蕴。出产于两宋定州地区的定窑瓷器,瓷质坚细色白,早期追求无纹饰的素地,后期加入精美的莲花、牡丹、游鱼、走兽等图案,常装饰折枝花。定窑以白瓷为主,故宫博物院有一件珍贵的定窑孩儿枕(如图33),通体施白釉,以天真无邪的孩童作为雕塑主体,孩童背朝上,下承椭圆形床榻,运用刻划花手法,造型形象逼真。定窑出产的一件留存于世的白釉划花萱草纹葵瓣口瓷碗,其口沿造型呈葵花形,运用刻划花法划出折枝萱草纹,并借助用刀深浅产生的对比感塑造出颇具立体感的花纹,十分素雅。

---

① 苏立文.中国艺术史[M].徐坚,译.上海:上海人民出版社,2014:211.

图33　宋定窑白釉孩儿枕

　　基于定窑的产品特色和地位，两宋太平老人在《袖中锦》一书中将其誉为"天下第一窑"。两宋耀州地区出产的耀州瓷规模较大，有"十里窑场"之说。耀州瓷的色釉不及汝窑，却以青中微带黄色而独具一格。上海博物馆收藏的青釉缠枝牡丹纹梅瓶就是这种风格，该器运用刻花、印花手法在瓶身上布满缠枝牡丹花纹，器型修长而浑圆，刻花立体感强，线条刚劲流畅，给人以晶莹剔透的观感。两宋景德镇窑开始兴起，所烧的青瓷是影青器，属于创新釉色，《景德镇陶录》载其"质薄腻，色滋润"，因其光致茂美而风靡海内外。江西的另一处两宋产瓷名区是吉州窑，其在瓷胎上常粘贴木叶或剪纸，再施釉，烧制出的花纹独具一格。吉州窑梅枝盏非常有代表性和独特性。除此之外，著名的窑场还有哥窑、龙泉窑、建窑等，不再一一列举。

　　总体而言，两宋瓷器代表了两宋工艺的最高水平，其工艺造物已经达到艺术成就与文人审美的高度契合。田自秉在《中国工艺美术史》中这样点评宋瓷："从总体看，陶瓷的造型简洁、优美，为我们创造了卓越的美的工艺形象。器皿的恰当的比例和尺度，使人感到减一分则短，增一分则长，达到了十分完美的地步。这是宋瓷所以在千百年来，为人们所赏识的原因。"①造物时对造型尺寸和美学塑造分寸的恰当把握,装饰纹样多而不乱,无不体现两宋工艺造物的清新典雅。两宋陶瓷以窑口多、各具特色而闻名,有"瓷器窑口百家争鸣、百花齐放"的美誉,充分反映了两宋工艺造物的发达。正是因两宋工艺造物水平的提升,绘画也开始融入工艺美术之中,在磁州窑、刺绣、缂丝等工艺品中出现了以绘画为目的的工艺技术。至此,两宋工艺造物生发出专供艺术欣赏的工艺品,用以满足上层社会人群和读书人对"形而上"的精神追求,为后续的明清工艺造物大发展奠定了基础。

二、走进市井的造物观:百姓的都市文化情结

两宋时期,手工业和商业比较发达,农民与土地的依附关系在商业和手工业推动下有所松动,土地私有化推动了土地兼并现象发生,部分农民因此离开家乡汇聚至大中小城市,助推了两宋都市社会发展。两宋既有北宋开封、南宋杭州这种大都市,也有长安、泉州、广州、扬州、益州这类商业都市,更有遍布全国各地的中小城市,甚至一些村镇也流行都市文化。孟元老在《东京梦华录》自序中这样描写开封:"正当辇毂之下,太平日久,人物繁阜……时节相次,各有观赏。灯宵月夕,雪际花时,乞巧登高,教池游苑。举目则青楼画阁,绣户珠帘。雕车竞驻于天街,宝马争驰于御路,金翠耀目,罗绮飘香。新声巧笑于柳陌花衢,按管调弦于茶坊酒肆。八荒争凑,万国咸通。集四海之珍奇,皆归市易,会寰区之异味,悉在庖厨。花光满路,何限春游,箫鼓喧空,几家夜宴。伎巧则惊人耳目,侈奢则长人精神。"足见开封城多么繁华热闹,一派人声鼎沸的市井生活尽在眼前,若置身其中则让人流连忘返。周密在《武林旧事》卷三中同样描绘了杭州城的繁华景象:"时承平日久,乐与民同,凡游观买卖,皆无所禁。画楫轻舫,旁舞如织。至于果蔬、羹酒、关扑、宜男、戏具、闹竿、花篮、画扇、彩旗、糖鱼、粉饵、时花、泥婴等,谓之'湖中土宜'。又有珠翠冠梳、销金彩缎、犀钿、髹漆、织藤、窑器、玩具等物,无不罗列。如先贤堂、三贤堂、四圣观等处最盛。或有以轻桡趁逐求售者。歌妓舞鬟,严妆自炫,以待招呼者,谓之'水仙子'。至于吹弹、舞拍、杂剧、杂扮、撮弄、胜花、泥丸、鼓板、投壶、花弹、

---

① 田自秉.中国工艺美术史[M].上海:东方出版中心,2010:178.

蹴鞠、分茶、弄水、踏混木、拨盆、杂艺、散耍、讴唱、息器、教水族飞禽、水傀儡、鬻水道术、烟火、起轮、走线、流星、水爆、风筝,不可指数,总谓之'赶趁人',盖耳目不暇给焉。御舟四垂珠帘锦幕,悬挂七宝珠翠,龙船、梭子、闹竿、花篮等物。"足见南宋时期的杭州城比前朝的开封城更加繁华,市井生活丰富多彩,都市阶层群体甚是庞大。

　　市民阶层群体的壮大,为都市文化兴盛提供了肥沃土壤,都市文化繁荣则满足了市井百姓在生活情趣和精神追求上的需要,其文化与追求"儒雅简洁"的上流雅文化所不同,是充满文娱和现实情趣的俗文化。都市俗文化标志着都市社会和市民阶层占据封建社会大舞台,这一社会现实在张择端的宋代风俗画《清明上河图》(如图34)中展现得淋漓尽致。此画以开封城汴河周围熙熙攘攘的都市景象为主题,从郊外的小桥流水、老树扁舟、茅屋村落风光一路写到草船码头、拱桥街市、百肆杂货、官府宅邸、酒楼茶馆、寺观城楼、绫罗绸缎、香火纸马、妇女商人、道士和尚、官员胥吏、算卜医药、驼马舟车、推车乘轿、闲逛饮酒、男女老幼等等,可谓三教九流,无所不包,把百万人口的大都市描绘得淋漓尽致。《清明上河图》是宋代百科全书式的市井造物大全,带领后人走进了宋代都市生活,感受到百姓生活中的造物和用物,仿佛领略到两宋都市里的市井造物观。

图34　[宋]张择端清明上河图卷(局部)

　　河南偃师出土的北宋戏曲题材文物丁都赛雕像砖,刻画了一位头插花、身穿圆领长袍、腰系帕带、上着汉装、下穿吊敦服、背插团扇、呈拱手状的女性戏子全身形象,加上传神的面部表情,把戏曲明星丁都赛刻画得惟妙惟肖、细腻传神。据宋人孟元老《东京梦华录》载,丁都赛是北宋徽宗政和、宣和年间开封城瓦子勾栏中赫赫有名的杂剧艺人。无独有偶,在中国国家博物馆收藏有一件两宋蹴鞠纹青铜镜,上面刻画了男女四人共同蹴鞠的画面,女子脚颠鞠欲进攻,一男子仿佛在防守,另外两人注视着赛场,场面动态十足。蹴鞠是古代的足球运动,《史记》记载战国时期的齐国临淄就曾流行这项运动,发展到两宋时期,蹴鞠运动深受王公贵族和市民阶层的广泛喜爱,出现了专门的蹴鞠社团,比如齐云社;还有技术高超的球星,比如《武林旧事》中记载的黄如意、张明、范老儿、小孙。杂剧演员丁都赛、趣味十足的蹴鞠运动,都是两宋都市文娱繁盛的代表。

　　两宋以瓦子勾栏为代表的都市文娱十分兴盛,伴随着商品经济发展和手工业繁荣,市民阶层群体人数大大增加,市井细民对于文化生活的需求集中到瓦子勾栏和都市大街小巷中,这里有瓦子勾栏中的"社会"艺人,也有走街串巷的"路岐人"或"赶趁人"。"社会"是具有专业固定演艺场所的组织,瓦子勾栏是艺人表演的具体场所,"瓦子"取其"易聚易散"之意,《梦粱录》解其为"来时瓦合,去时瓦解"之义。在瓦子中有诸多用栏杆围拢起来的用于不同行业艺人进行表演的小场地,这就是"勾栏"。二者合在一起就是瓦子勾栏,其艺人组织叫作"社会"。这里有形式多样的百戏,也有陶冶情操的说唱曲艺、综合性戏曲流派杂剧和南戏。百戏是两宋民间艺人从事各种技艺表演的总称,它在两宋以前已经存在很久,到两宋都市社会大发展带动下,百戏在城市文娱中占据一席之地。据马瑞临《文献通考·乐考》记载,宋朝百戏有"踏球、蹴球、踏跷、藏挟、杂旋、弄枪碗瓶、踞剑、踏索、寻橦、筋斗、拗腰、透剑门、飞弹丸、女伎"这些种类,通过史书记载来看,两宋百戏主要有杂技类,比如蹴鞠、踏索、举重使棒、踢弄射弩、藏火吃针;有形体技艺类,比如水上秋千、扑旗子、擎戴;有高空节目类,比如顶竿、走索;有角抵类,比如角力摔跤、女子摔跤;有魔术类,比如手法魔术、藏掖魔术、撮弄魔术;有马戏类,比如骑马技巧、驯化动物表演;等等。两宋时期的说唱曲艺得以发展,它不同于百戏的地方是给人以精神陶冶和伦理思考。"说"就是以说史、说经、小说的方式进行曲艺表演,话本是说话艺人使用、创作的底本,其中不乏反映市民阶层生活现实的作品。这些作品因接近现实又故事曲折而深受市井百姓喜爱,比如《碾玉观音》中描写的曲折婉转、感人肺腑的爱情故事:璩秀秀为爱冲破世俗与崔宁远走高飞,被抓后活活打死,变成鬼魂与崔宁过上幸福生活,表达了市民阶层简单执着的爱情理想;再比如《大宋宣和遗事》,以史为线讲述了王安石变法、蔡京乱政、梁山泊英雄聚义、徽宗与李师师、东京陷落等情节,贴近现实又引人入胜。"唱"包括小唱、嘌唱、唱赚、鼓子词、诸宫调等以唱的方式进行的曲艺表演,每种唱艺都有自己的风格,比如小唱是那些走街串巷、游走酒楼馆园之中的唱小词者;诸宫调是瓦子勾栏中的卖唱者。杂剧是两宋时期的综合性戏曲,开篇的部分是"艳段",以熟知之事开局;中间的部分是"正杂剧",也是主体部分,由完整的故事组成;最后的部分是"杂扮",是愉悦观众的滑稽戏。而南戏则是南宋时期城市文娱的重头戏,其表达了市民阶层的思想感情。如此这些门类齐全、形式多样、从业者众的都市文娱造就了两宋市井百姓的都市文化情结,也促进了服务都市文化的造物观念兴起。

1981年在江苏溧阳平桥出土的宋代"张四郎"银碟,展现了金银器在两宋市民阶层广泛使用的史实。造型简朴、制作精巧的金银器更适用于市民阶层的现实生活,所装饰的纹样多是象征富贵吉祥的植物花卉。更具特色的是"张四郎"的商标,说明两宋时期商业发达,人们对商标有很强的维权意识,用于获得更多商机和利润。类似的商标还有浙江永嘉出土银器上标有的"京溪供铺记"字样、安徽六安出土银器上标有的"顾玉郎"字样等。伴随着两宋商业经济发展和市民社会群体壮大,围绕市民生活的商业活动也展现出来,比如广告宣传,北宋时期的"济南刘家功夫针铺"广告青铜版,就是推销自己产品的广告印刷青铜版,宣传页内有"白兔捣药图",并配有"认门前白兔儿为记",以区别他家商铺,引导顾客到自家店铺购物。有的广告用语上还提到"收买上等钢条,造功夫细针"之类的话,以此说明自己的产品质量有保证。诸如反映这些商业活动的两宋器物都反映了宋代社会的都市文化特质,再加上丰富多样的两宋饮食文化和酒楼茶肆,让两宋都市生活充满了生活气息和造物艺术感,连同都市文娱一起构建了宋代市井细民的造物观。

第二节　辽西夏金元时期"粗犷豪放"的刚劲造物观

　　辽、西夏、金与元都是我国北方地区草原文化族群建立的少数民族政权。这些少数民族政权与两宋相对峙而存在,前后有 3 个多世纪之久的对峙期。各政权浮浮沉沉,最终在 1276 年归于蒙古人建立的大元帝国。辽、西夏、金与元在与两宋对峙期间都有意统一天下、夺取正统,除了西夏比较孱弱外,辽、金、元都有实力统一天下,因此也都以自己建立的地方政权为正统,在谁是正统的问题上也是争论不休。《辽史·世表》载曰:"辽本炎帝之后,而耶律俨称辽为轩辕后。"契丹人以炎帝之后自居正统。《金史·礼治一》载曰:"我国家绌辽、宋主,据天下之正。"这是金世宗对金国是中华正统的宣告。元统一全国后,在修订辽、金、宋史时,正统之辩仍在继续,最后不得不以辽、金、宋各自都为正统而修三部史。正统之争是中国土地上存在两个及以上地方政权,且各自都觊觎统一天下、以己为正的自然反映,不论最终归于谁,都是中华民族的延续。辽、西夏、金与元活跃在我国东北、西北广袤的土地上,在强盛起来以前,其文明程度都远低于两宋统治的中原封建文明,在日渐强大之后,逐步过渡到封建社会,殊途同归地走向"汉化"。辽、西夏、金与元作为少数民族建立的政权,其核心利益仍然注重本民族的利益维护和习俗传承,因此在"汉化"过程中,草原文化与农耕文化相互碰撞、相互杂糅在所难免,扎根于农耕文明的儒学思想与盘结于草原文化的各种宗教信仰之间的并存碰撞亦是在所难免,同时各少数民族政权建构的地区性文化也存在相互交融碰撞。总体而言,与人口稠密、安土重迁的儒学文化圈不同,辽、西夏、金与元是地广人稀、流动迁徙的草原文化,因此与两宋素雅严谨的文人社会和纷繁热闹的市民文化不同,辽、西夏、金与元则形成尚武耿直、不拘小节的游牧文化。在不断汉化的影响下,辽、西夏、金、元在造物观上又表现出北方草原文化特有的粗犷豪放。

一、不断汉化的北方草原文化造物观

辽、西夏、金与元因为过着迁徙不定的游牧生活,所以在文化属性上都是北方草原文化。中华文化虽然多元包容,但是在文化主流上仍然是中原农耕文明生发的儒家思想。边疆少数民族政权因蒸蒸日上的军事力量和剑指中原的政治意图对中原地区不断进行征服,但因其落后的制度文明和简单的社会治理水平,不得不在面对中原先进制度和先进文化时采取"学习态度"。不论辽、西夏、金与元采取怎样的中原政策,其最终归途都是走上了推崇儒学之路。"雅好儒学"让北方草原文化民族在造物观上表现出明显的不断汉化特征。

辽是契丹人建立的游牧民族政权,在创建时间上早于西夏、金与元。辽建国前期,在吞并渤海国和燕云十六州后,统治范围超出游牧区域而到达农耕文明社会,人口稠密的城市中,技艺百工、日常用度、读书诵经无不让辽统治者开阔了视野。辽统治者对中原农耕文化羡慕不已,并积极推动中原先进文化向辽国传输。据《辽史·太宗本纪下》记载,946年,辽国灭后晋之后则将"诸司僚吏、嫔御、宦寺、方技、百工、图籍、历象、石经、铜人、明堂刻漏、太常乐谱、诸宫县、卤簿、法物及铠仗"悉送上京(今内蒙古自治区赤峰市巴林左旗南),辽国的悉数照单全收和无不喜爱的心态足见辽统治者的向风慕义程度。辽国与北宋对峙而存,1005年辽宋签订澶渊之盟后,边境和平共处达百年,双方互开贸易和文化交流,辽国深受中原文化影响。据《辽史·百官志》记载,为了解决辽国境内游牧区与农耕区不同文化导致的治理难题,辽国统治者特提出"因俗而治"的政策,也就是在契丹人生活的游牧社会用"北面官"进行治理,在汉人聚集的农耕社会用"南面官"进行治理,二者是两套不同的行政架构。辽代统治区域横跨两种文化,草原文化与农耕文化相互影响、相互杂糅是必然趋势,并逐步形成了以农耕文化为主并带有草原文化风情的综合性文化,成为辽不断汉化后的一大特色。这一特色对于辽代原有的草原文化造物观产生了较大影响,在造物观上既有汉化元素又有草原文化情结。出土的诸多辽代时期具有契丹民族特色的鸡冠壶瓷器,就是中原制瓷技术与草原文化融合的典型器物。鸡冠壶(如图35)因顶部鸡冠状造型而得名,在辽代早期

因其矮身提梁式造型类似于契丹人常用的马镫而又名"马镫壶",又因其整体造型上源于契丹人日常用具皮囊而再得名"皮囊壶"。比如1956年在北京出土的一件辽代褐釉鸡冠壶,其壶身边缘特意制造出仿造皮革接缝效果,用针脚纹勾画出真皮囊的视觉效果,草原游牧文化气息十分浓厚。鸡冠壶是辽代从中原学习制瓷技术而创烧的极具游牧民族特色的陶瓷器物。辽代早期,为方便游牧迁徙,鸡冠壶上部是带孔的,用绳子穿上后可以系在马上,为了走动过程中的平稳,特意将中原对陶瓷圆润造型的思维定式改为扁平型。辽代中期,很多契丹人逐步过上定居生活,带孔鸡冠壶不再必需,取而代之的是提梁式鸡冠壶,其壶身增高变瘦,圆足设计则便于放置平稳。辽代后期,为了更加适合手握,特设计出带有凹坑的环状提梁。鸡冠壶造型变化和纹饰设计反映了两种文化相互影响、相互吸收的现实。辽代深受北宋影响而汉化的领域较为广泛,比如在绘画方面,辽统治者喜好诗词绘画,兴宗耶律宗真喜好画鹅、雁,笔法精巧,画作逼真,其工笔和绘画风格深受中原文化影响,在内容上则凸显契丹人生活题材;再比如辽代建筑以仿中原建筑风格为主流,但更接近汉唐风韵,只在宗教建筑、宫殿和偏僻民房保留自己的民族特色。

图35 辽代鸡冠壶

西夏地处我国西北地区,由古代羌族部落分支的党项人建立。1038年建立时,西夏就已经是一个封建制度国家,这得益于西夏统治者在官署设置、宫殿建造、宗庙设置等方面对北宋的"照搬式"模仿做法,有的官职名称模仿过来而不去修改就应用。西夏国力相对弱小,因此与北宋之间多和平往来、少兵戎相见。西夏统治者积极发展农业,兴修"昊王渠"等水利工程,同时也重视畜牧业发展,在水草丰茂之地引导各草原民族进行畜牧。西夏早期曾试图对外用兵而效果不佳,后期便把重心放在"养贤重学"上,加强与北宋的联系,大力推进汉化,汉人、汉制、汉文化在党项人治理的国家生根发芽。西夏人在制瓷技术上也深受中原文化影响,在定窑、磁州窑等北宋靠近西夏的名窑影响下,西夏建立以"模仿"为主要路径的陶瓷制造之路。在模仿过程中,他们巧妙地植入党项族文化习俗,在造型、装饰手法上创新出独具特色的西夏瓷器,比如扁壶。扁壶的设计首先源自生活在马背、骆驼背上的党项人行走时方便之需,扁壶造型扁圆,瓶口低矮且两侧各设计一个或两个耳,用于系绳。扁壶底部或设计有足或设计无足,在纹饰设计上比较钟情于植物纹,比如莲花纹、牡丹纹,当然也有鱼纹、鹿纹等动物纹。受中原农耕文化影响,党项人特别喜爱寓意富贵、吉祥、神圣的牡丹花,传承了宋人对牡丹花写实刻画的技法,同时又把党项人民族性格转化为雄浑有力的流畅风格融入牡丹花纹饰之中,有股西夏人粗犷豪放的民族风。西夏建国前,在丧葬习俗上流行火葬、水葬等,而西夏建国后,皇亲贵族则受中原农耕文化影响,仿造唐代恢宏磅礴的陵墓风格,在贺兰山东麓建造巨大陵园,共存 12 帝陵,每个帝陵形制规模都仿造唐代帝陵,陵墓内部结构复杂,多重空间设计,随葬器物门类齐全,石雕作品很多,还建有灵塔。1972 年宁夏银川出土的西夏王陵文物绿釉鸱吻,形体高大、龙头鱼尾、口大牙利、眼睛有神、雄壮威武,似乎还在诉说着西夏王陵的宏大气势。

生活于东北地区白山黑水流域的女真族在完颜阿骨打带领下崛起,建立金,随后十余年迅速荡平辽国和北宋。因此,金国是在原来辽国的基础上发展起来的,又在统治区域上超越了辽国。金国统治者是女真贵族,但同时吸纳了契丹、汉族、渤海国的社会精英和上流阶层进入统治者行列,形成了多元民族治理格局。金国统治者的汉化进程也随之加快,推行汉官制,统治者逐渐将女真人的"勃极烈制"转变成宋代的中央集权制。特别是在统治区域不断南延后,汉族生活区的官制被保留,且宋代更符合封建皇权统治的国家行政体制反过来影响到女真统治者。经过金熙宗、海陵王、金世宗三位统治者的连续调整，金代形成成熟的、模仿宋代中央集权制的"正隆官制"，突出保留了尚书令在全国行政事务的最高地位，尚书令则直接对皇帝负责。汉族统治区的扩大促使金统治者改变了其地方统治机构设置和落后的奴隶制，最终走向了汉化和封建化。女真人生活地冬天寒冷、夏天凉爽，冬天时间长、夏天时间短，这种客观的气候条件决定了女真人生活中的服饰以皮毛制品为主。或许是冬天白雪皑皑，女真人尚白色。女真人统治区域扩展至中原地区后，其服饰文化就因环境改变和汉人文化影响而发生变革，特别是北宋灭亡后，大批量的宋代皇家贵族日常用度和冠冕服饰对女真人的服饰认知产生了直接的视觉冲击，女真统治者为了防止女真人服饰向汉人转化的趋势，颁布政令禁止女真人汉化，但仍未改变汉化趋势。金代是一个多宗教并存的社会，其原始宗教是萨满教，也流行信仰佛教、道教。1964年在黑龙江阿城出土的双鱼纹青铜镜，其双鱼纹饰选择的是鲤鱼，在泛着水花的水中，两条鲤鱼头尾相接，鱼尾翻动呈现追赶、游动姿态，动态刻画突出。在金代出土的青铜镜纹饰中，最常见的就是鱼纹，究其原因，女真人生活的白山黑水渔业发达，而鱼产卵多、繁衍快、鱼群兴旺的特点十分符合人类繁衍后代的期望，这跟女真人信仰萨满教有很大关联。出土于山西繁峙县岩上寺的金代壁画，其绘画面积大、内容丰富，绘画中的宫廷人物着宽袖大袍，都是汉人服饰和汉人面貌，又是佛教题材，说明金代深受佛教影响和汉化影响。

元朝于1279年灭南宋，统一中国。作为大一统的元帝国所呈现的造物观，将在下一目中进行集中阐释，此处主要讲述元建立统一国家之前的造物观。元统一前，具有和辽、西夏、金比较相近的特征，其属性都是北方草原文化，在政策归属上都走上汉化和儒学治国之路。1206年，成吉思汗在蒙古大漠建立大蒙古国，这是元帝国的起始点，成吉思汗就是元太祖。成吉思汗一生致力于对外武力扩张，最终倒在征战途中，他的几个儿子继承了这一传统，通过不断的对外征服战争，极大地扩大了大蒙古国的统治疆域，直至横跨欧亚大陆，拥有广袤土地。大蒙古国对外征服战争中，忽视了对所征服地区的柔和安抚，过多地使用了烧杀抢掠等暴力手段，致使很多地区哀鸿遍野、生产破坏、人口流失、文化破坏，这种策略导致的负面影响越来越明显。忽必烈即位后，采纳儒士的建议，缓和杀戮政策，采用更先进的汉制，对野蛮落后的大蒙古文明进行革故鼎新，从而为其统一中国奠定了坚实的基础。1271年忽必烈改国号为大元，不久便统一天下。这一期间，大蒙古国的造物观基本上以草原文化为主，较少受到中原农耕文明影响，汉化不是很明显。

二、元代"粗犷豪放"的刚劲造物观

1279年，忽必烈建立的大元灭南宋，统一天下，在中国建立了第一个由少数民族执掌政权的大一统国家，存续近一个世纪。元代把首都定在北方重镇北京（元大都），从此走上了汉化、汉制之路。元朝虽疆域广袤、民族众多，但其统治中国的文化基础仍是儒学，治理国家推行的是汉法。通过分析辽、西夏、金和大一统时期的元，可以发现，这些北方草原文化在与中原农业文化的较量过程中，最终都走向了汉化，在其特征上表现出的共性有很多，比如最终选择了治国安邦的儒学作为思想主流，在治国安邦过程中重用儒士和推行汉法。元代自元世祖忽必烈开始，逐步认识到中原农耕文化的不可替代性，在建立大一统王朝后，运用汉法治理国家。元朝是少数民族建立的政权，因此在汉化过程中仍然保留了自己本民族的思维模式和宗教信仰。又因统治区域广袤，元朝对多元文化和各种宗教信仰采取兼容并收的态度，创造了宽松环境，促进了文化繁荣。这一社会现实给元代造物观带来了纷繁复杂的影响，因而，元代造物观是多元复合型的，有中原农耕文明传承创新的造物观念，有少数民族独特的造物观，有外来文明获得传播产生的全新造物观，有蒙古族作为特权贵族所独显的蒙古人造物观，有不同宗教的造物观，等等。若要说其中还有一条较为突出的造物观主线的话，这就当属元代"粗犷豪放"的刚劲造物观，它根植于汉化之后的元帝国，植入了蒙古族尚武特质和草原文化特有的粗犷豪放品性。因此，在元代造物观中，品质细节往往被豪放不拘小节所遮蔽，给人以刚劲感，其本质上就是尚武所致。

元代造物中粗犷豪放的一面是因蒙古族长期的游牧生活所致。蒙古大草原一望无际，成群牛羊、蓝天白云、逐草而迁的草原生活给世代生活

中国传统造物观

于此的蒙古族人留下了不可磨灭的印象。这里远离中土,儒学影响不能企及,学文知礼也不是百姓日常科目。元末明初大学者叶子奇的《草木子·杂制篇》载曰:"至于元朝,起自漠北,风俗浑厚质朴,并无所讳,君臣往往同名。"足见,蒙古人在入主中原以前,其民风习俗十分淳朴,且人们多不识字,专注于游牧。广阔的草原生活让蒙古族人养成了粗犷豪放的民族性格。北方的钧窑烧制了大量用于生活所需的碗、瓶、盘、钵等,最常见的是天蓝釉色,非常适合蒙古人对蓝天白云的审美需要和造物理念。整体而言,钧窑烧制的技术还是比较粗糙的,这也符合了蒙古族人不拘小节的粗犷豪放性格。元代很多的陶瓷造型在制造之初已经在造物理念上贴合了蒙古族的生活现实,比如厚重的胎质上施一层光滑的釉,器型多大而厚,缺乏细节处理的杂质斑点,给人一种粗糙感。田自秉在《中国工艺美术史》中这样评述:"元代贵族统治者由于游牧生活的习惯,他们追求奢华的享受,具有大吃大喝的生活作风。这一切,都在元代工艺美术制作上得到表现,形成了元代工艺美术的粗犷、豪放、刚劲的艺术风格。"[1]可见,游牧生活的习惯在蒙古人治理社会中得以体现,并渗透至元代造物观念中。

　　元代造物中因为满足奢侈生活而出现追求畸形工艺造物的一面。元朝按民族出身对人进行分等,蒙古族位居第一等,这让元代蒙古贵族获得特权,过着奢侈生活。为了满足奢侈生活,元代对本民族传统工艺进行提升,甚至不惜代价,织金就是其中一个典型代表。所谓织金就是在丝织物上用金线织出金色线条或者通过拍金方式在丝织成品上贴上金箔,织金成品视觉效果类似电视剧《西游记》中唐僧所穿的观音菩萨赠予的袈裟,金光闪闪。蒙古贵族通过"衣金锦"来显示自己的富贵和权势,因此蒙古统治者经常用织金赏赐权贵大臣,以彰显皇恩浩荡。为了管控织金,元朝统治者专门设立管理机构进行督办,还从擅长织金技术的波斯地区引进工匠。说起工匠,元帝国在扩展领土过程中,在嗜血杀戮成性中唯一保持的理性就是"赦免工匠",所有工匠因有一技之长而幸免于难,这些工匠都

---

① 田自秉. 中国工艺美术史[M]. 上海:东方出版中心,2010:204.

被元统治者迁入辖地,用于满足奢侈生活的造物之中。除了织金,还有金银器。元代金银器使用广泛、成就非凡,因金银器耐磨耐碎、不易破裂的特性适合蒙古族人草原生活而深受欢迎。蒙古人在取得全国政权后,对金银器的制造和使用进行了严格管理,并对金银器工艺进行了精益求精的技术提升,在富庶精细的江南地区,元代金银器获得物质基础和工艺支撑,在江苏金坛、安徽合肥、浙江嘉兴等地出土的金银器都是这一现实的反映。1955 年在安徽合肥孔庙旧基出土的一件银玉壶春瓶,造型模仿玉壶春瓶,有精美的盖子,依据款识得知,此器造于 1333 年的安徽合肥丁家店铺,由工匠章仲英制作,不加任何装饰,胜在造型优美。1966 年在江苏金坛出土的元代窖藏青花云龙罐中有银器 50 余件,器型品种丰富,碗、盏、盘、镯等皆有。这些银器与前面的银玉壶春瓶胜在造型不同,它们展现出了纹饰华丽繁复的特征,有的造型似莲花、梅花,有的刻有精美的人物故事、鸟兽虫鱼,有的使用鎏金、錾刻、模冲等技法,真实反映了银器造物工艺水平之高、之精。故宫博物院收藏有一件元代著名银饰工匠朱碧山的酒器作品《银槎》(如图 36),整体造型取一老者乘坐木槎专注看书的悠然自得之意境,人与槎浑然一体,没有违和感。全器用白银铸造而成,雕刻精细,具有超高的水准。

图 36　元代朱碧山的酒器《银槎》

元代是多元宗教并存的社会,因此在造物中呈现多元宗教共进局面也是必然的。元代流行着萨满教、佛教、喇嘛教、新道教、伊斯兰教、基督教、景教等,宗教在人的信仰中占据主导,自然会影响人的造物观。在元代,基督教的圣经插画、圣像雕刻得以呈现,新道教的壁画作品、雕塑作品繁盛起来,西藏喇嘛教绘画技艺给中原宗教造物艺术增添了新内容、新形式,来自尼泊尔的宗教塑绘样式"梵相"传入中原。元代是欧亚文明交流密切的时期,特别是在建立钦察汗国和伊尔汗国后,元朝版图基本上跟欧洲毗邻,亚欧交流近在咫尺。欧洲对东方文明充满好奇之心,很多人经商、游历、求学到中国,其中有一位代表就是马可·波罗。欧洲、中亚、西亚地区的文化源源不断地传入中原社会,为元代造物观念中注入新元素。迈克尔·苏立文在《中国艺术史》中谈到此时认为:"在艺术和工艺上,元代有众多创新,与宋代的精致形成鲜明对比的是元代大胆甚至狂野的风格,这些变化部分反映了蒙古征服者和诸如维吾尔、通古斯和突厥等非华夏裔的艺术口味。"①这种新元素产生的创新,夹杂着蒙古人喜好蓝天白云的艺术审美趋向,尤其在青花瓷上表现得淋漓尽致。青花,在洁白的瓷器上绘制青花纹饰,借助青花料用量多少和用色层次而产生色彩对比,在一种色彩中产生明亮多元感,娇翠欲滴。青花料深受来自波斯的"苏麻离青"的影响,这恰恰印证了中外文明交流对造物工艺产生的明显影响。元代在陶瓷工艺上的创新还有釉里红,其影响力稍逊青花瓷,且在元代烧制出的成品比较灰暗,说明技术仍未完全娴熟。

---

① 苏立文.中国艺术史[M].徐坚,译.上海:上海人民出版社,2014:221.

第九章　明代时期的造物观

　　明代处于中国封建社会由盛转衰的迟暮期,此时欧洲正值文艺复兴时期。明代处于两个少数民族建立的大一统中央政权的中间,其灭元建大明,又最终亡于清,历经 277 年。明朝社会发展经历了前、后两个对比明显的历史时期:明前期是君主专制中央集权十分突出的时期,社会保守沉寂;明中后期则在皇权旁落和商品经济发展下出现与前期截然不同的社会风尚。明朝建国初期为了强化君主专制,消解了相权,废除中书省,设置直接向皇帝负责的六部,从而把皇权和相权合二为一,大大加强了皇权统治;为了配合君主专制,朱元璋还成立锦衣卫监听朝廷各级官员,其后继者还设立监听天下的东厂、西厂,造成人人自危的社会不良生态;在文化上推行文化专制主义,用程朱理学一统思想,社会复古思潮兴起,大大抹杀了时代思想的进步;推行壁垒森严的封建等级制度,把朝会、服饰、祭祀、丧礼、嫁娶、饮食、用器、起居等社会生活的方方面面都植入等级制度;推行重农抑商政策,通过行政、法律手段强行抑制经商、迁徙、海运等正常活动,社会经济活动处于极度压抑状态而显得刻板僵化。如此强化的君主专制让明前期社会造物观都指向权力中心,以服务于"权力中心"为出发点去思考造物的合理性与社会趋向。明前期的中央集权在恢复经济上起到积极作用,历经战乱的社会在统治者重视农业和轻徭薄赋的政策下得以快速恢复。明中期在生产力发展下,加上中央集权对社会控制的弱化,手工业和科学技术获得发展,社会财富增加,各地商业在资本推动下活跃起来,港口城市遍及全国。商业发展推动社会风尚转型,"锱铢共竞"时代到来,上至皇权贵族下至黎民百姓都对"追逐金钱"兴趣十足,思想文化领域也兴起替代程朱理学的实学思潮,市井再次引领社会,促成明中后期在"锱铢共竞"时代的服务于市井奢靡生活的造物观。

第一节 前期中央集权加强下"权力至上"造物观

明朝建立者朱元璋农民出身,少时过着饥寒交迫的流浪生活,后在农民起义中逐渐脱颖而出,从一名步卒逐渐成长为一方枭雄,最终登上皇帝宝座。朱元璋是在消灭诸多割据起义势力的基础上建立明朝的,因此开国之初社会秩序仍然动荡不安,明太祖朱元璋则通过加强中央集权来达到长治久安的目的。朱元璋按照"权不专于一司"的原则进行改革,通过诛杀左丞相胡惟庸而罢黜相权,把皇权与相权统统收归自己,又通过设立六部并亲领之,从而极大地提升皇权。朱元璋对天下的掌控欲望十分强烈,设立了锦衣卫监听臣民。明太祖朱元璋十分推崇程朱理学,通过"四书五经"的教育体系和选人用人机制达到统一社会思想,控制文人士子之心的目的,这实际上是文化专制主义策略。明初在明太祖朱元璋的强力政策下,社会迅速建立起君主专制的中央集权制度,皇权无限扩大。其后继者明成祖朱棣也是一位手段强硬的皇帝,其通过起兵才夺取帝位,在攻取京师后对建文谋臣进行"诛九族",对方孝孺等人则"诛十族",甚至祸及无辜地进行"瓜蔓抄",殃及数万人,这就是"靖难之役"。明成祖朱棣效仿父亲朱元璋,设立东厂以监听天下,诛杀叛逆者。为了处理繁忙政务,明成祖推动形成内阁制度,建立皇帝专权的高度集权运行系统。至此,明前期的社会政治生态走向了"权力中心主义",社会风向整齐划一地倒向了服务于"权力至上",包括造物观。

一、体现等级森严的社会造物

明太祖朱元璋在总结元代政治时评述说:"近世风俗相承,流于僭侈。闾里之民,服食居处与公卿无异……贵贱无等,僭礼败度,此元之失政也。"(《明太祖宝训·议礼》)可见,朱元璋认为元朝失政的原因是元统治者深受草原文化影响而忽视宗法礼制、等级秩序、贵贱之别,致使"贵贱无等、僭礼败度",社会上公卿无异,人民借助手中的财富和奢侈生活不断僭越礼制规范,社会风气遭到破坏,等级不再、伦理失衡、秩序错乱、礼制荒废,这些都事关国家兴亡大事,要重视。朱元璋出身低微,渴望权力和尊重,因此吸取和加强了历朝历代治国中礼制、礼仪、礼教在加强中央集权方面的独特作用,希冀通过制定严密的宗法等级来达到"贵贱有别"的社会统治秩序。《明太祖宝训·议礼》有言:"古者帝王之治天下,必定礼制,以辨贵贱,明等威。是以汉高初兴,即有衣锦绮縠、操兵乘马之禁,历代皆然。"可见,在明朝统治者心目中,"纳礼于器"是历史传承的社会政治习俗,对"帝王之治天下"十分有用。

在君主专制加强和礼教治国思想指导下,明朝建立后就十分注重夯实尊尊亲亲的宗法制度,把儒家倡导的"格物、致知、诚意、正心、修身、齐家、治国、平天下"八条目与文人士大夫人格抱负结合起来,以达到巩固统治根基的目的。在家族治理方面,明朝特别注重家庭礼制建设,力主通过修建祠堂和禁止买卖族田来维系家族稳固性,通过制定乡约以加强乡村治理,用封建宗法思想和伦理道德去消解基层民众的异端思想,以"灭心中贼"。为了巩固基层民众的社会稳定性和向心力,明统治者通过尊尊亲亲的宗法制度在乡村治理上大大发挥了宗族统治力,在修续家谱、建设祠堂、祭祀礼仪、团拜活动上下足功夫,以乡绅治理和宗族统治团结族人,同时也制约族人。宗法统治的实现十分依赖族长的威信力,一个家族的族长犹如一国之君,在宗族内拥有处置权威和道德威信,对族内的大小事务都有裁决权。族长特别注重祠堂建设和修续家谱,以维系尊族敬宗的血缘联系。明初大儒方孝孺在《逊志斋集·童氏族谱系》中言:"家之有庙,族之有谱。"通过祠堂建立共同祖先崇拜情结,通过家谱记录族人的世系源流、血缘传承、坟地墓穴、族产公田等,把每个族人的来龙去脉交代得清晰明了,让族人有了"根",以祖宗为荣、以光宗耀祖为立世之要务。为了增加宗族神圣性和族长道德威信,宗族统治中还十分注重宗族祭祀活动;为了保证宗族的纯正性和宗族竞争力,宗族统治十分关注血缘上的传宗接代和族内子弟教育,以确保各支能永续和族内未来人才辈出。明朝的乡村治理特别倚重宗族统治,把很多社会功能下沉至宗族,让宗族统治更具现实性,比如族长主持各家的婚丧嫁娶、做寿建房、修桥筑路、乔迁修缮、纠纷诉讼,这些事关族人生活主体的民事活动让宗族统治在宗族区域内位居核心地位,作用不可替代。

明代统治者力主通过建立等级森严的社会认知来达到中央集权和君主专制。相应地,礼制、礼仪和礼教也会随之而起。明朝统治者通过践行贵贱有别的礼仪,通过厘定壁垒森严的礼制,通过灌输君权神授的礼教,来彰显权力中心的至上性和威严感。在家族统治、注重三礼、文化专制等具体举措下,生活于此的世人的创造力和创新性被扭曲,在社会造物过程中,人们十分关注社会走向,把如何体现等级森严带入造物思维。这一造物观在明前期社会的诸多造物领域得以体现,它广泛地存在于朝会舆服、器皿饮食、祭祀丧葬、居住行止、衣冠服饰等领域。

居住房屋的规模与大小最能体现出一个人的社会地位,明朝统治者为了区别贵贱高低,在全国官民百姓中颁布了房舍制度。为了体现帝王至高无上的尊贵地位,明朝对皇城宫苑进行大肆修建,以紫禁城、天坛等为代表的皇家建筑成为我国古代建筑史上璀璨瑰宝。北京城是明成祖朱棣兴建的新都,朱棣在此做燕王时称北平,后因明成祖称帝而改称北京,《明实录》言:"营建北京,凡庙社、郊祀、坛场、宫殿、门阙,规制悉如南京,而高敞壮丽过之。"可见,朱棣建新都不仅延续了南京帝王府规格,还在建筑风格上更进一步。整个北京城由外城、内城、皇城和紫禁城四重组成,由外到内,逐渐缩小,但权力逐渐增大,直指皇权核心。明代建筑风格日臻丰富,砖瓦制作技术日益成熟,冶铁铸造技术日臻完善,在《礼记》《考工记》等造物奇书中挖掘出封建礼制建筑布局,北京城基本奠定了明清时期北京城市格局与风貌。北京城建造遵循"左祖右社"制度,在宫城左侧修建了太庙,右侧修建了社稷坛;遵循"三朝制"修建了太和殿、中和殿和保和殿;遵循"前朝后寝"制度修建了乾清宫、坤宁宫以及东西六宫。整个北京城严格遵循中轴线和对称布局,紫禁城的地位十分凸显,体现了明代统治者皇权至上的建筑设计理念。可以讲,北京城是艺术造物,更是政治造物,有学者这样评述道:"北京城的艺术成就是多方面的,它的一殿一楼、一山一水都可谓匠心独运,精工细作。但是,它的最强烈的艺术性能,则是运用一砖一石、一草一木,将'权力中心'这一封建帝王的政治伦理精美绝妙地予以展现,成为中国古代都市建筑史的杰作。"①俯瞰整个北京城,明代统治者就是全国的最中心,通过宫城设计与起居礼仪,处处彰显出权力中心和皇权至上。北京城的宏伟威严塑造出皇帝驾驭天下、天下归心的大格局。皇帝拥有的最高规格是不可逾越的,为了防止僭越,明朝统治者还对官民百姓建造房舍进行了明确规定,比如官员营造房屋不得歇山转角、重檐重拱、绘制藻井等;再比如对应等级的公侯前厅可七间、两厦、九架,一至二品厅堂五间、九架,三至五品厅堂五间、七架,六品至九品厅堂三间、七架,庶民不得超过厅堂三间、五架。走在街区,通过房舍则一目了然地知晓等级贵贱。

日常穿戴用度一直伴随人的左右,通过车舆规制和衣冠服饰等级,明代统治者不断向社会传递着森严的等级社会制度。据《大明会典》记载:"国初著令,凡官民服色、冠带、房舍、鞍马,贵贱各有等第,上可以兼下,下不可以僭上。"足见其森严。《明史·舆服志三》详细记载了明代官服制度规定内容,以冠上梁数为例子,公可冠八梁,侯、伯、一品可冠七梁,二品至九品依次减少;再以衣色用料为例子,一二品可以穿杂色文绮绫罗彩绣、帽顶用玉,三至五品可穿杂色文绮绫罗、帽顶用金,六至九品可穿杂色文绮绫罗、帽顶用银,并规定官吏不能用玄黄紫三色、不能绣龙织凤,庶人只许穿绸绢素纱料衣服、不许用金线玉珠。在明代,衣冠最尊贵华丽的是皇帝及皇后、皇妃,皇帝享有冕服、通天冠服、常服等。明太祖朱元璋制定衮冕之制:冕,前圆后方而玄表纁里;衮,玄衣黄裳而红罗蔽膝、朱袜赤舄,只有在重要节日才穿。皇后冠服有礼服、常服等,皇后可以戴龙凤珠翠冠,衣可织金龙凤纹。为了显示最高权威,明朝统治者参照古代车舆和卤簿仪仗记载,严格制定了各级各类人员的车舆制度:皇帝享有最高级别的车轿比如大辂,其莲座、宝盖、天轮、辇亭,造型精致无比,饰以描金纹而凸显华丽高贵;皇后、妃子则乘坐皇后辂、安车、凤轿、小轿等;百官、庶民则依据规制逐格降次,不得僭越使用。

---

① 史仲文,胡晓林.中国全史:艺术卷[M].北京:中国书籍出版社,2011:853 - 854.

如此复杂繁多的等级物品规定,也从侧面反映了明代社会生产能力和科学技术的发展,只有高超技艺和工艺才能满足上层统治者用于区分的精细程度和用料讲究。等级森严的背后是造物者的精益求精和对政治伦理的准确把控,才能使所造之物符合统治者要求。

二、彰显"至上荣光"的工艺造物

明朝建立初期,明太祖朱元璋就颁布"明教化以行先圣之道"的圣训,力主推广儒学治国与程朱理学,以达思想统一之目的。明太祖朱元璋重用程朱理学大儒宋濂、刘基、许存仁等人,参与国事、修缮礼乐、致力文教,带动了明朝初期程朱理学的发展。为了尽快提升儒学地位以达以儒治国的目的,明太祖朱元璋还通过一些具体路径来实现:一是在全国普遍推行祭祀孔子活动,以尊崇孔子的方式尊崇儒学,此路径选择十分恰当有效;二是对孔门子孙后代以及孟子、颜回大宗姓氏子孙后代予以免除徭役,甚至"圣贤圣裔"有犯事者一概宽宥处理;三是在学校教育中大力提倡读儒家经典"四书五经",并在科举题目设置上选择以其中经典语句为主题,引导读书人读圣贤书;四是皇帝亲自组织程朱理学传人编撰《五经四书大全》《五经四书性理大全》,颁行全国;五是运用功名利禄杠杆,引导士子之心归于程朱理学,借助"天理"学说以使皇权至尊思想深入读书人内心;六是对臣民恪守理学教条有突出表现的,给予奖赏,尊孔教者可入仕做官,科举出身能获得荣华富贵,奉孝道、妇道者官府表彰等;七是对异端者给予打击,用刑法阻止异端思想传播;八是科举过程中,逐渐僵化,逐步形成八股取士的呆板模式。明朝统治者推行儒学治国是封建王朝的正确选择,这是无可厚非的,但是借助儒学正统,特别是程朱理学的教条来达到统一思想和加强皇权,就容易导致社会文化专制主义。明朝前期在皇帝介入、行政干预、功名利禄诱惑、打击异端等现实有力的举措下,社会上形成了唯有专于经书考功名才是士子人生出路的大趋势。在八股文的框架下,人们的思想变得刻板呆滞、冷酷淡漠,文人士大夫的思想自由和创新力被消解而出现明前期文化的保守沉寂特质。

在缺乏思想自由的文化氛围内,社会转向就是必然选择。文人士大夫固有的人文气息和求理钻研则在典籍编撰、著修史书、工艺造物、科学技术等非政治领域获得大发展。在明前期,典籍编撰要数《永乐大典》,明成祖朱棣的政权是通过权力斗争和兵戎相见才取得的,建文旧臣将其视为"叛逆夺权"。经过"靖难之役",明成祖朱棣通过科考笼络天下儒学士子之心,大力起用新选拔的举子,通过崇儒推儒改变自己的形象。《永乐大典》也是此举的一个重要方面,参与编撰的儒者多达几千人,抢救了很多遗落民间的典籍,做出了巨大贡献。《永乐大典》与明前期创作出的《三国演义》《水浒传》等名著一起,在文学上创造了辉煌的一页。明代著修史书也十分盛行,官修与民修并进,铸就了朴实无华的史学风格。史学兴起还带动了明朝印刷工艺进步,这时活字版和彩色印刷获得很大发展空间,官刻印书和私人印书十分活跃,藏书家比比皆是。在"天人合一"思想指引下,明代天文历法获得较大发展空间,明太祖朱元璋曾令刘基修订历法《戊申大统历》,设置了司天监(后又改为钦天监),对天文、大统历等进行研究,取得丰硕成果。明代前期逐渐营造了投身科学技术的社会氛围,在冶炼、纺织、农学、酿酒、医药、制盐、舟车、造纸、兵器、采矿等领域,逐渐注入科学精神和技术创新,最终在明中后期凝结出科学技术巨大成就,比如宋应星的《天工开物》(如图37)、徐光启的《农政全书》、李时珍的《本草纲目》、徐霞客的《徐霞客游记》。这些巨著无不彰显明代人民钻研求理的科学精神。

在造物领域,借助科学技术精神,在工艺服务权力中心上生发出"至上荣光"的工艺造物观,即用精湛技艺以博取皇家贵族的青睐与赞许,并以此获得荣光。明代工艺造物首推陶瓷,特别是景德镇作为全国制瓷中心,树立了中华陶瓷工艺文化在全球的领先地位。明朝建立后不久,朱元璋就在景德镇设立御器厂,打造了陶瓷工艺服务于皇权贵族的官窑模式,生产皇室使用的软限瓷器和皇家赏赐用的部限瓷器,对景德镇陶瓷工艺提出了更高的要求和政治担当。在皇权影响力推动下,景德镇迅速成为全国陶瓷工艺的集中地,形成了"工匠来八方,器成天下走"的格局。明代景德镇陶瓷一改宋代陶瓷的影青色为白色,用画花法替代刻花、印花等手法,故而明代陶瓷以白色为底,更适合画花法运用青花、五彩等颜色进行工艺创作,陶瓷载体所蕴含的艺术价值迅速提升。陶瓷工艺造物把绘画艺

图37 《天工开物》内页

术从卷纸上搬到陶瓷上,在艺术创作上能够发挥出绘画艺术特长。在经过施釉保护后,历经一千多摄氏度的高温烧制,陶瓷工艺造物就成为可以长久保留的艺术品,陶瓷造物的艺术追求可以为陶瓷工艺带来皇家贵族的赞许与嘉奖。此刻,从工艺维度去追求艺术价值产生的自由境界与皇家贵族重视通过"唯一性或难复制性"的工艺造物来体现崇高权威的需求之间不谋而合,陶瓷工艺造物获得皇家贵族的赞许与嘉奖也越来越多、越高,同时产生的"至上荣光"就越大、越强。明代景德镇官窑瓷器因为"皇家专用"而地位高升,乃其他陶瓷产区所不能及,自然获得的支持和重视度也不一样,产生的陶瓷工艺造物水准也不同。从明代开始,景德镇陶瓷工艺就一枝独秀,独领风骚数百年之久。

明代景德镇官窑瓷器兴盛于永乐至万历年间,塑造了官窑为主、官带民窑的瓷业盛世风景。鼎盛时期,官窑半百,民窑过千,景德镇日夜烧造瓷器,可谓"昼间白烟掩空,夜间红焰烧天"。明永乐年间,景德镇瓷器以压手杯为著,其胎质薄如纸,色釉呈现温润清爽的甜白感,非常适合绘制五彩,项元汴在《历代名瓷图谱》中点评其"白如凝脂,素如积雪",在纹饰题材上多绘制传统的皇家尊享的双龙、五龙、八宝等。明宣德年间,景德镇瓷器首推宣德青花瓷,清人在《匋雅》中对其评价为:"宣窑青花为明窑极盛时代杰出产品,选料制样,画器题款,无一不精。"其用料是景德镇本地优质瓷土,青花料为东南亚进口的苏麻离青,制样多变,以大盘为多,陶瓷绘画技艺高超,下笔奔放自如,层次清晰,多见海水云龙、缠枝牡丹等纹饰,因此"堪称瓷、色、画三绝"。明成化年间,最具成就的是斗彩,即以青花加彩的装饰手法塑造出釉下青花与釉上彩之间拼合而成的争奇斗艳之效。成化斗彩器物多造型小巧,工艺精致,入手使用后特别惹人喜爱。据说万历皇帝对斗彩爱不释手,坊间有"成杯一双,值钱十万"的传言,足见其珍贵之极。成化斗彩瓷器工艺高超,画面清逸雅致,色彩艳丽,代表作有鸡缸杯(如图38)、葡萄杯、高士杯、天字罐等,蓝浦在《景德镇陶录》中用"点染生动"来描述其工艺。以故宫博物院馆藏的斗彩花蝶纹罐为例,其造型精巧,青花为底色,运用红、黄、绿等色渲染斗彩效果,花卉彩蝶纹饰跃然器上,描写得十分生动有趣,可谓"精妙可人"。到随后的弘治、正德、嘉靖、万历年间,景德镇陶瓷造物更加进步,造型、纹饰、色彩、分工均有所突破,最终制造一件精美瓷器要"过手七十二,方克成器"。与景德镇瓷业一并在明朝发光发热的还有龙泉窑、德化窑、宜兴窑等。龙泉窑维系

图38 明成化斗彩鸡缸杯

中国传统造物观

宋代青瓷系列,纹饰中的吉祥字十分突出,比如"天下太平""福、寿、宝"等。德化窑以白瓷生产为主,其瓷器雕塑很有名气,塑造的佛教题材人物,比如达摩、观音,十分畅销。宜兴窑以生产精致陶制品著称,宜兴紫砂壶不施釉,以表现泥土本色为追求,因而质朴无华却雅致无限。明正德年间的供春大师(原名龚春)所造之壶有"供春之壶,胜于金玉"之誉,足见其因工艺高超而获得荣耀之高。

明代工艺造物以服务皇家贵族使用为荣光,因此在制造工艺上追求卓著,以寻求达到行业辉煌之目的。明代织绣印染行业的兴旺与明代衣冠服饰等级制度有一定关联,皇家贵族与朝廷要员的衣冠服饰既要寻求等级之别,又要与一般官吏和庶民有贵贱之分,这十分考验织绣印染工艺水平和工匠造物能力。据《潞安府志》记载:"明季长治、高平、潞州卫三处,共有绸机一万三千余张。"足见明代丝织手工业规模和造物能力。明代皇家用料流行"织金",这种工艺虽起源于元代,但在明代同样受到皇帝、皇妃的青睐,因为织金不仅体现财力,更体现工艺,工艺与财富的完美结合造就了"织金"的荣耀地位。明代的锦缎刺绣技术、缂丝技术、印染技术等同样获得大发展,在获取"至上荣光"的道路上提升技术水平和工艺造物能力。明代金属工艺也是如此,其在景泰蓝、宣德炉、冶铜技术、金银首饰上有独到之处。景泰蓝属于珐琅彩工艺,其在铜胎上进行掐丝珐琅,制作工艺十分复杂:首先要用铜胎造型;然后依据纹饰需要将压扁的铜丝粘在器体之上,在粘连过程中有很多细小技巧,稍有不慎就会出现崩蓝或漏蓝瑕疵;之后用焊接技术将铜丝与胎体牢接在一起,再依据纹饰色彩需要进行点蓝工艺;点蓝后要进行烧蓝,烧蓝次数不一,烧制成的景泰蓝表面很粗糙,要进行打磨抛光工序处理,最后进行镀金以增加光泽。景泰蓝制造工艺十分讲究,融合了造型、纹饰和色彩工艺,明代景泰蓝属于吸收创新期,宣德时期达到顶峰,《匋雅》评述其"大抵朱碧相辉,镂金错彩,颇觉其富贵气太重"。现存于故宫博物院的几件明代景泰蓝,造型优美、纹饰丰满、色彩艳丽,符合其工艺造物追求的"形、色、纹、光"要求。宣德炉(如图39)是明代金属工艺的代表作,属于小型铜胎制品,是明朝统治者在

图 39　明宣德款铜熏炉

祭祀时用的香炉。为了符合皇帝使用规范,宣德炉在制造过程中特别注重色彩搭配和纹饰造型,皇帝还派专人监督制样和制作过程,因此宣德炉制作工艺十分精湛,胎质细腻、纹饰丰富、色彩变幻莫测、色彩与铜质融为一体,成品工艺价值极高。明代金银首饰制作精良,特别是皇后皇妃们的凤冠,工艺精良、结构复杂。20 世纪 50 年代在北京定陵出土的孝靖皇后凤冠(十二龙九凤冠),正面顶部饰一龙,中层七龙,下部五凤;背面上部一龙,下部三龙;两侧上下各一凤。全冠共有宝石 100 多块、珍珠 3000 多颗,绝对是富丽堂皇的工艺瑰宝。此外,明代的家具、雕刻、漆器工艺也是通过提升工艺水平来达到行业辉煌与获得统治者赞许的。明代家具工艺深受程朱理学影响,在材质美、工艺美和造型美上体现"巧而得体,精而合宜"。明代家具造型就犹如程朱理学一样严谨顺畅,不烦琐不堆砌,追求"天理"而落落大方;又如儒学德行般深邃悠远,以木材的自然纹理和结构来彰显"厚德载物"之理;再如程朱理学般对学问十分考究,做工一丝不苟。因而明代家具是通过工艺制造文雅之器,既实用又达理。明代雕刻技术领域涉及很广,从玉石到牙角竹木,品类多、技术高超,皇帝专用玉雕由"御用监"的"玉作"负责。明代漆器同样发达,并诞生了一部专门的漆艺著作《髹饰录》,足以说明其工艺水平。

第二节　中后期锱铢共竞时代"市井奢靡"造物观

明代社会风气转向,成也君主专制加强,败也君主专制加强。明代前期,在君主专制加强下,皇帝勤政强势,天下大权握在一人手中,日夜操劳,可谓鞠躬尽瘁。转折出现在万历皇帝身上,其执政前期重用张居正进行改革,取得不小成就;张居正死后,新政废止,万历皇帝沉溺后宫二十余载,朝政荒废,致使朝野上下结党营私、腐败盛行、宦官专权、外患滋生。明之亡,实亡于万历。自此以后,明朝皇帝多懒政,致使朝野朋党相争、宦官专权、残害忠良,加强的君主专制,却因皇帝"平庸无能"而导致社会涣散。在商业经济推动下,资本与腐败一起蚕食着明朝统治基础,促使社会风气大转向,即从明前期淳朴无华的重农社会转向锱铢共竞的商业社会。因此,明朝中后期是在商品经济繁荣之上发生的变革,特别是手工业发展和城市兴起,很多农民挣脱乡约和家族制枷锁,到城市从事手工业和商业,变成市民阶层。新的市民阶层群体不断壮大,其社会影响力日渐增强,特别是其注重金钱的驱使作用,对明代社会结构和社会风气产生决定性影响,明代社会固有的农民与地主的阶级结构逐渐融入了手工业发展带来的新生产关系结构,资本主义萌芽诞生。在以交换和利益为目标的新社会结构中,金钱成为打开社会缺口的重要武器,腐败贪婪的地主阶级连同日趋繁盛的商品经济一起催生了明代中后期的金钱社会,原有的严格等级贵贱之别被破坏,社会兴起了纸醉金迷的奢靡之风气,张瀚在《松窗梦语》中载曰:"人皆志于尊崇富侈,不复知有明禁,群相蹈之。"可见,在利益与奢侈面前,秩序已经名存实亡。同样,在锱铢共竞的明中后期,社会造物观也随之转向,逐渐服务于"市井奢靡"之需。

一、社会大转向过程中的造物变革因子

明代社会大转向是全面的、深刻的。思想文化领域中掀起的主体意

识觉醒,从君主专制哲学基础冲击着明王朝的统治根基。明初,太祖朱元璋借助尊崇程朱理学,弘扬儒学来达到加强君主专制的目的。程朱理学作为明朝显学和科举之本,自然受到文人士子们的关注。随着明中后期政治腐败和思想僵化,在矛盾不可调和时,一些文人士子把矛头指向了程朱理学。理学家薛瑄面对由盛转衰的明王朝统治者,对朱熹理学进行反思,提出了"正人心"以"正君心"的心学路线。王守仁创建心学体系,为了挽救摇摇欲坠的封建统治,以"破心中贼"为路径进行哲学构建。他认为"心"是天地万物主宰,人有主体性和能动性,因此主张"知行合一"。他认为只有先扫除心中杂念与恶,才能正人、正事,为此提出著名的"致良知"说,把人生来具有的良知作为"心之本体",致良知的精髓是向"心"负责,格物致知本乎心。这是对人的高扬和对人的本我的赞赏,与"存天理、灭人欲"的程朱理学分道扬镳。在阳明心学体系的解放下,泰州学派更进一步,对程朱理学进行了肢解与超越,提出基于"心是自然本质"的安身、尊身说,强调身为本,就要为人的肉身争取权利和尊严,实际上是对"存天理、灭人欲"的理学禁欲主义的批判与颠覆。泰州学派反正统的哲学解释和广泛传播引来了统治者的残酷镇压,但是也促进了明中晚期社会思想解放和关注个体的思潮发展,汤显祖就大呼:"人生而有情,思欢怒愁,感于幽微,流于啸歌。"这是强调人不是为天理而生的无欲空壳,而是情欲主宰的现实人。因而,明中后期的戏曲小说回归百姓家,商贩歌伎、村姑牧童、绿林好汉、三教九流成为主角儿,犬马声色成为主题,有血有肉的"色欲""情感"主体觉醒了。明中后期,许多地位卑微的娼优仆隶子弟通过财富增加而身价倍增,获取跻身乡绅阶层的资格。正是在鼓吹个体自由和对人的欲望的肯定思潮下,明中晚期出现了"末富居多,本富益少""土田不重,操货交接""下陵上,少侮长""厌常喜新,去朴从艳"等自由解放夹杂着逐利拜金的社会风向。等级秩序与宗法统治的松动,使得满足凸显个性自由的逐利拜金需求的造物理念也在社会广泛传播。

明朝建立初期为了尽快恢复生产,采取重农抑商政策,限制人员迁徙和商业贸易。程朱理学主张"存天理,灭人欲",从哲学高度对追求物质利益的行为在伦理道德上进行了宣判,提倡"贵义贱利"观。明中后期,伴随

中国传统造物观

中央集权松动和商品经济发展，人们的价值观开始发生变化，从"贵义贱利"逐渐转向"唯利是趋"。泰州学派李贽明确提出了"穿衣吃饭，即是人伦物理"，从而为人们的欲望进行松绑。很多政治家提出"工商皆本""士农工商，生人之本业"等理念，有效地消解了传统观念。在这种价值观念大转向推动下，社会上刮起了"去本就末""弃农而贾"之风，各商业重地大兴商贾，权贵地主也参与商业牟利，市井百姓紧随其后，金钱至上与奢侈之风相伴而生。就造物而言，造物总是有目的的造物、满足需求的造物，人们价值观念的转变极大地影响了社会造物观内涵，引领着造物变革。

明中期以来，社会生产力获得长足发展，科学技术随之兴起。在古代传统封建思维中，科学技术被认为是"奇技淫巧"。明前期在重农思想和文化专制主义下，文人士大夫重心在考取功名，而非科学技术探索。在空谈性理的社会实践矛盾中，部分文人士大夫转向科学技术，通过求真钻研之精神，掀起了一股实学之风、经世致用之风。明后期，伴随中外交流加强，西方传教士带来了最新的西方科学技术，一些先知开启了学习西方先进科学技术的先河，比如"西法不妨于兼收，诸家务取而参合""会通归一""镕西洋之精算，入大统之型模"。这种传统科学技术的进步与对西方科学技术的借鉴之风，在技术层面促进了明朝中后期工艺造物和工具造物的发展，如明代陶瓷新技法"斗彩""五彩"提升了工艺水平，造船技术中的"牵星板"等导航设备使用，印刷技术中的先进刻印技术，等等。先进科学技术的提升为造物变革提供了技艺能力支撑。

二、新等级区分观念下的奢靡造物

等级贵贱一直是明王朝的治国之策，对于统治者而言，"区分等级"是维护君主专制权力的必要路径；对于社会而言，尽力向"金字塔尖"靠近就可以获得权力、地位、身份和利益。明中后期以来，在商品经济发展和政治腐败共同推动下，明前期唯有通过考取功名来提升等级的路径，此时不再是唯一，人们有了多种选择，其中通过创富和金钱的路径让很多"非专于读书"的群体可以跻身乡绅阶层。特别是腐败深度影响到科举选拔过程时，金钱的驱使作用就发挥出巨大的社会效力。社会观念则从森严的等级规制以区分贵贱转向讲求奢靡排场以区分贵贱。这种观念的转变迅速在明中后期社会生活的方方面面展开,相关领域的造物观念也随之而变。

明朝以"汉唐"后续者自居,在君主专制加强下,在衣冠服饰上制定了一套"区分等级贵贱"的汉族服饰制度,君臣士庶的衣冠服饰和用料都是严格控制的。这种严格的衣冠服饰制度到明成化年间就开始出现松动和改变,工商业发展和市民阶层壮大,富裕起来的人们对于更加华丽和更突显身份的衣冠服饰十分向往,金钱驱使的拜金主义加剧了这种风向转变。士庶阶层不断僭越严格的服饰制度,统治者与士庶阶层在"突破规制和颁布禁令"上进行了长期较量,最终的结果是拜金主义之风占据主流,更高更奢侈的"美服"进入寻常百姓家。曾经被高贵的皇亲贵族垄断的织金妆花进入商贾工农之家,官宦之家的贵妇佩戴的金珠翠玉也在娼优头上插满,朱红色的衣服也成为庶人的钟爱之色,甚至最为高贵的龙纹服饰到了明末也出现在普通百姓常用服饰花纹中,时人曾感叹道:"今男子服锦绮,女子饰金珠,是皆僭拟无涯。"这是对明中后期社会现实的真实写照和无奈之叹。经过"马尾裙事件"①和"忠静冠服"②之后,明代在服饰僭越问题上基本上放开管制,服饰僭越和向往奢靡的服饰风气就如洪水决堤般在全国各地蔓延开来,时人追求新奇时髦、彰显奢华的风气引导社会造物为其服务。

很多工匠在造物时,通过提升工艺水准和使用名贵材料来提升造物价值,用材质贵重和工艺精巧塑造奢华之物,用价值不菲来推动奢华攀比风气。何乔远在《名山藏·货殖记》中叹道:"不丝帛不衣,不金线不巾,不云头不履。"有钱有势的豪门贵族、商贾士工在这一股风气中起到推波助

---

① "马尾裙事件"是指明代社会兴起的模仿朝鲜上襦下裙服饰风潮,明人王锜在《寓圃杂记》中载"发裙之制,以马尾织成",时人称为"马尾裙"。朝野上下和商贾争相追随,因马尾鬃毛紧缺,致使有人偷拔军马鬃毛。明孝宗因"有误军国大计"而禁穿马尾裙,但收效甚微,后不了了之。此后,社会广泛流行马尾裙。

② "忠静冠服"是指官宦同穿的一种服饰,是由皇帝亲自推动的"僭越之服"。嘉靖年间,为了应对衣冠服饰违禁现象,特推出"忠静冠服"让所有官员穿戴,目的是推广"进思尽忠,退思补过"之意,却无意间打破了下官不能僭越上官服饰之禁。

澜的作用,"豪门贵室,导奢导淫"。这股风气从城市蔓延至郊区、村野,从官宦之家波及市民阶层、乡绅大族,奢侈成为一种时尚。以满足奢侈之风的造物理念在当时的江南地区最为明显,明中后期,苏州、松江一带是经济最发达的地区,丝织和棉织业兴盛。范濂在《云间据目抄·记风俗》中对江南生产的妇女饰物这样描述:"旁插金玉梅花一二支……后用点翠卷荷一朵,旁加翠花一朵,大如手掌,装缀明珠数颗,谓之鬓边花,插两鬓边,又谓之飘枝花。"松江地区则生产蒲鞋,其制造工艺精湛,因而"贵公子争以重价购之",其生产的袜子也以"极轻美"而远销各地。

　　明代饮食起居十分讲究,特别是宫廷饮食起居十分奢侈,规格高,品种丰富且随时令变化。为了体现皇家权威,宫廷宴席对参与人员、规模大小、菜系品种、礼仪礼节等都做了严格规定,不同节日和活动的规格要求不一样。在等级森严的社会里,以宫廷饮食为最高规格,臣民逐级形成不同规格的饮食风俗,王公贵族遵循"雅"制,在品种、营养上都接近皇家用度,讲究排场。民间庶民遵循"俗"制,品种繁多但制作简单,以满足饱餐之欲为目的。自明嘉靖后,这种严格的等级饮食制度屡遭僭越,丰富多样的高规格饮食品种进入寻常百姓家,与之相应的饮食器具也流落民间,逢年过节、婚丧嫁娶时,有钱人也模仿宫廷贵族制进行奢侈消费、大讲排场。伴随商品经济发展,城市市民阶层中开始流行在酒楼茶肆谈生意的风气,在推杯换盏中、在品茗喝茶中,相互吹捧、相互炫耀。在起居上,明初就同样进行了严格规定,按照等级享用,不得僭越。起居规格不同在日常生活中传递着"贵贱不一"的社会认知。到明中后期,这种规制被打破,僭越现象时有发生,后变得稀松平常。只要有钱就可享用更高规格的车舆,获得更多人艳羡的目光。诸如饮食起居此类,明中后期发生的重要变革和社会大转向,其涉及的面广、人数众多,其中的经济利益十分庞大,广大的行业工匠敏锐察觉到这一商机,不失时机地迎合拜金主义需求,以"满足奢靡"为出发点进行造物。这种造物观念,还波及时人婚丧嫁娶时所用之物,社会风尚无不涉及。时人记载曰:"轻财纵奢,不知预防,百顷之家,无三年之蓄。"奢靡风气已经极大地消耗了社会财富。

第十章　清中前期的造物观

　　清代是满族建立的统一政权,在国家治理上崇儒重道,中央集权达到封建王朝顶峰。其统治期分为两部分:一部分是清代中前期,即从清灭明入主中原算起,到清道光二十年(1840);另一部分是清后期,从1840年鸦片战争开始,中国进入近代史,直至清王朝覆灭。中国传统的时间界定有很多说法,在此,以清中前期为最后一个阶段,是因为这一阶段的造物观尚未遭受来自西方殖民主义入侵带来的"强烈刺激",因此在发展脉络上保持平稳性和延续性。

　　清代在统一国家、护卫疆土、推动民族文化多元融合、中西文化交流等方面做出了较大贡献,特别是康雍乾时期,经济繁荣、国力强盛、造物繁荣,创造了"盛世格局"。盛世之下,也存在僵化滞后、思想束缚的封建社会弊端。郑师渠在《中国文化通史·清前期卷》中这样评述:"封建社会毕竟日薄西山,故清代文化实为一种烂熟的文化,辉煌与衰朽并存,集大成与僵滞共生。"①这一客观现实表现在造物观上就是清代创造了手工业时代造物的顶峰,却落后于工业革命的现代化造物主流。清代是中央集权化和思想文化专制主义于一体的典范,因此在手工造物的顶峰时代创造了工艺造物技术"无法超越的巅峰",但是无法创造出工艺美学的新境界。田自秉在《中国工艺美术史》中这样评述:"从整体上看,清代的工艺美术,在艺术上,缺乏较高的美学境界,把艺术和技术等同起来,虽然做到了技艺精绝,使人赞赏,但不能使人得到美的陶冶。在科学上,其制作水平远远超过前代,使技术得到了飞跃发展,人们创造的各项技能,使一切材料

---

　　① 郑师渠,赵云田.中国文化通史:清前期卷[M].北京:北京师范大学出版社,2009:19.

能较充分地发挥其性能,使一切技术,尽可能为我所用。"①可见,清中前期在造物技术上达到了手工业造物的最高峰,在工艺造物上登峰造极,但在造物美学境界、现代工业造物等方面缺乏源动力,处于落后状态。

清代处于中国古代向近现代转化的历史阶段,手工业、农业造物文明与工业造物文明的对比、冲突在同一个朝代显现。中国传统造物观也因此发生激烈变革。清中前期是中国古代社会传统造物观的集大成者,也是总结阶段。清后期则急速进入世界工业文明的造物话语体系之中,出现了造物观上的迷茫、混乱、求变、适应等特征,此时的造物观已经脱离"中国传统"语境而进入"近现代中国"语境。相比清后期,清中前期造物观还是中国传统造物观的延续,虽然已经深刻受到来自西方文明的影响,但是核心要素还在传统延续与工艺追求上。因此清中前期的中国传统造物观表现出成熟一面,又有固执一面,评论的维度不一样,则形成褒贬不一的结果,正如田自秉在《中国工艺美术史》中这样评述:"有的赞赏它,认为它做工纤巧,丰富多彩,达到了封建时期的高峰;有的贬抑它,认为它烦琐堆砌,格调低下,流于庸俗和匠气。"②评述各有道理,不论孰优孰劣,至少说明清中前期在造物观上取得了成就,有时代特质。这些造物观可从两个方面来反映清中前期造物特征:一是技术造物游刃有余,创造了手工业造物时代的顶峰水平;二是大型园林为代表的景观造物坚持"中体西用",塑造了世界文明融合的造物典范。

第一节　造物技艺追求完美的"匠人时代"

清代中前期,社会政治经济都有所发展,这为社会大造物时代提供了稳定环境。经过明代社会的发展,到清代,中国传统造物的技术、工艺、材质等水平达到了手工业造物时代的巅峰。各行各业的能工巧匠们发挥"匠人精神",在技术上追求"极致工艺",在材质上追求"高超驾驭",从而

---

① 田自秉.中国工艺美术史[M].上海:东方出版中心,2010:243.
② 田自秉.中国工艺美术史[M].上海:东方出版中心,2010:243.

在造物上塑造了追求完美技艺的"匠人时代"。

一、陶瓷：多元造物理念合力促成火与泥土的华丽变身

清代中前期，特别是康雍乾盛世期，陶瓷所蕴含的造物理念之多、造物水平之高、造物技艺之精都是历史级别的。以制瓷中心景德镇为例，每件陶瓷工序"过手七十二"，从泥土到瓷器，经过窑火幻化的铸炼，华丽转身为世间瑰宝。洞悉陶瓷制造过程，以儒道佛三家合流后的中国传统文化精神被广大百姓所接纳并成为日常思维方式，以弘扬中国传统文化精神为己任的千千万万工匠正通过自己的造物能力表达出思维认知，以维护皇权威严的官窑体制在陶瓷造物中发挥着引领和管控作用，以服务商业需求的陶瓷商贸体系在陶瓷造物过程中能够主动适应市场需求而大批量造物，以运行陶瓷造物为目的的瓷业和相关行业发展壮大起来，等等。这些都表明了一件陶瓷的制造是多维合力的结果，自然而然，参与陶瓷造物的因子都发挥着自己的作用、植入自己的造物理念，陶瓷的华丽转身背后是多元造物理念的融合发力在起作用。

清代陶瓷行业中心在景德镇，清顺治时期，统治者把御器厂改为御窑厂，景德镇瓷业中心地位重新被确立。景德镇高超的制瓷工艺催生了朱琰的《陶说》、唐英的《陶冶图说》、蓝浦的《景德镇陶录》等陶瓷造物学专著，促成了康雍乾陶瓷制造繁荣期，涌现了一批督陶官，如郎廷极、年希尧、唐英等，传承并创烧了青花釉里红、郎红、天青、粉紫、五彩、古彩、康青五色、素三彩、粉彩、珐琅彩等优秀陶瓷品类。田自秉在《中国工艺美术史》中这样评述景德镇最辉煌的康雍乾陶瓷制造期："综观清代康熙、雍正、乾隆三个历史时期陶瓷的特点是：康熙刚健，雍正雅致，乾隆华缛。康熙装饰多用人物，雍正流行花鸟，乾隆早期尚奇巧，晚期重模仿（仿铜、仿漆、仿木等）。"①可见，清代鼎盛时期的景德镇陶瓷制造各领风骚、各具特色，比如康熙的五彩、雍正的粉彩、乾隆的珐琅彩，其制造工艺、技术都追求当时的极致境界，下面以部分保存下来的经典器物为例进行解读。

故宫珍藏的清康熙时期的青花山水人物图凤尾尊，器高43.7厘米。

---

① 田自秉.中国工艺美术史[M].上海：东方出版中心，2010:229.

器型是仿古代礼器尊形,其造型挺拔,胎体硬实,青花色散发出亮丽明翠感,再加上釉面是"紧皮亮釉",画法在明代基础上提升到接近完美,在工艺上运用了"分水皴"技法。整个器身青花装饰采取通景式构图,工匠善于通过青花颜色的浓淡深浅来刻画层次效果、来描绘远山近水,在画面中间刻画了几个高士在石板上谈笑风生、悠然垂钓的隐士生活,高山、流水、士大夫组成了一幅"道法自然"的画面。此件青花器融合了造型、胎釉、技法、纹饰、工艺等造物因子于一体,让人惊叹。故宫珍藏的清雍正时期的青花枯树栖鸟图梅瓶,器高 21.2 厘米,整个器型是梅瓶造型,做工精细,通体设计青花枯树栖鸟图,大面积的留白处理,图案工整,鸟态逼真、两两相对,冬日枯树、野趣十足,如此匠心独运给人无限遐想。此件青花器融合了造型、纹饰、工艺等造物因子于一体,匠气十足。故宫珍藏的清乾隆时期的青花八仙过海图葫芦瓶(如图 40),器高 57.5 厘米。此器是一件寓意吉祥的御用瓷器,"葫芦"寓意"福禄",八仙纹饰寓意"八仙送福",因而整个葫芦瓶突出八仙主题纹饰,并配以如意祥云纹、蕉叶纹等纹饰。在构

图 40　清乾隆款青花八仙过海图葫芦瓶

图设计上呈现上腹(小葫芦)绘制满天的如意祥云纹,下腹(大葫芦)绘制八仙人物,整个纹饰图案构造以儒家所倡导的吉祥如意的人伦寓意为画风,以青花色加部分留白塑造洁净无瑕的视觉感。在造型上以葫芦为原型,在颈部加入了对称的夔凤耳,让器型富有动态神韵。此件青花器融合了多元造型、多维构图、多种纹饰等造物因子于一体,匠心独运。

景德镇御窑厂在皇权贵族高要求下烧造出烧成难度大的釉里红、青花釉里红等瓷器,在烧造技术上提升很大,而康熙年间还在青花釉里红中加入豆青色,构成了"釉里三色"品种。故宫珍藏的清康熙时期的釉里红云龙纹钵缸,器高 36 厘米。此器腹圆鼓、口内敛,造型古朴端庄,内外施釉,釉色亮润,胎质坚实。整个纹饰采用釉下红彩,釉里红色泽纯正鲜亮、浓淡分明。工匠们很好地掌握了铜红呈色的烧造技术,整个纹饰围绕红云龙纹进行设计,图案描绘了海水江崖双龙戏珠,多处留白,给人跃然器上的游龙感。此件器物融合了造型设计、烧造技术、工艺笔法等造物因子于一体,光彩夺目。故宫珍藏的清康熙时期的釉里三色山水纹笔筒,器高15.5 厘米。此件器物最大的造物特点是对色彩的使用,将青花、釉里红、豆青三色合体,给人充足的想象空间。笔筒圆直,上下等同,展现出三百六十度的圆柱体画面,描绘了树木、远山、堤岸、房舍、近水、人物等,运用三色不同渲染图案内容,呈现出一幅画面丰富多彩、色彩对比鲜明的斑斓景象。此件器物融合了色彩技术、视觉美学、工笔等造物因子于一体,让人过目不忘。故宫珍藏的清雍正时期的青花釉里红缠枝莲纹双螭耳尊(如图41),器高 44.3 厘米。此器以造型和纹饰著称,造型是仿青铜尊形,圆口垂肩、鼓腹粗颈给人以稳重饱满感,运用青花和釉里红结合进行色彩搭配,运用缠枝莲纹饰和红花蓝叶进行纹饰搭配,让整件器物光彩夺目、釉色光润。此件器物代表着雍正时期青花釉里红色彩搭配和烧制水平,融合了精湛工艺、俊秀造型、亮丽纹饰的造物因子于一体,显得富贵华美。

故宫珍藏的清康熙时期的五彩雉鸡牡丹纹瓶,器高 45 厘米。此件器物属于康熙五彩种类,整个造型与纹饰色彩给人一种苍劲古朴感。康熙五彩是创烧新品,釉上蓝彩、黑彩、金彩等的使用,让画面色彩对比更加鲜

图41 清雍正青花釉里红缠枝莲纹双螭耳尊

明,构图更加完美。本件器物构图丰富多彩,充分运用了五彩塑造多彩图案的便利性,绘制了洞石、雉鸡、牡丹、菊花、树丛、彩蝶等图案。此件器物巧妙融合了造型工艺、色彩工艺等造物因子于一体,古朴苍劲。故宫珍藏的清康熙时期的矾红彩描金云龙纹直颈瓶,高42.2厘米。此器以腹部的云龙赶珠纹为主图,配以口部的六周龟背锦纹和蕉叶纹,足底处的莲瓣纹,主图大、配图小,凸显出云龙的视觉效果。云龙用青矾烧造后呈现出鲜艳醒目的矾红色系,配以金彩,看上去熠熠生辉、矫健凶猛。此件器物融合了造型、色彩搭配、重金属使用等造物因子于一体,富丽堂皇。故宫珍藏的清雍正时期的淡黄地珐琅彩兰石纹碗,器高5.2厘米。珐琅彩是清代深受西方铜胎画珐琅的影响而创烧的一个新彩装饰技法,珐琅料是重要的造物材料,画风深受欧洲绘画影响,采用满地装饰法。此件碗外壁通体施黄地釉,绘制洞石兰花图案和题字诗一首。此件器物融合了色彩工艺、造型工艺、诗书、画印等造物因子于一体,贵气儒雅。故宫珍藏的清乾隆时期的珐琅彩勾莲纹象耳瓶(如图42),器高14.4厘米。此件器物是乾隆珐琅彩的经典代表作,造型仿古,圆腹佩鎏金象耳衔环铺首,外壁为金彩锦纹地,绘制宝相花纹并配以七道金彩弦纹,内壁和圈足施松石绿釉。此器融合了色彩工艺、造型工艺等造物因子于一体,繁缛华丽。

图42　清乾隆珐琅彩勾莲纹象耳瓶

　　粉彩是在五彩基础上融合了珐琅彩工艺而创烧的新品种。粉彩源于五彩又不同于五彩,主要是加入了一种不透明的乳白色粉末,能够对五彩进行粉饰,经过此粉末打底的五彩在视觉给人以粉润柔和、富有层次的生动自然感,又称为"软彩"。故宫珍藏的清雍正时期的珊瑚红地粉彩牡丹纹贯耳瓶,器高31.4厘米。此件器物是雍正粉彩器代表,通体以珊瑚红为地,再用粉彩技术绘制了白色、粉色、黄色三朵牡丹,彩花配绿叶,珊瑚红地衬托,整个画面娇艳无比。故宫珍藏的清乾隆时期的黄地粉彩镂空干支字象耳转心瓶,器高40.2厘米。这件瓷器在纹饰工艺上是粉彩,由内外双瓶组成,外瓶腹部黄色打底,上绘缠枝花纹,内瓶是白釉地的粉彩,两瓶合一,采用镂空工艺,外瓶腹部镂空四个开光景窗,内瓶是一直腹瓶体,可以转动,通过转动可以透过景窗看到内瓶上的各种图景,比如婴戏图。此件器物融合了独特造型技艺、天干地支、粉彩工艺等造物因子于一体,内外二瓶设计堪称鬼斧神工。清代还生产了红、黄、蓝、绿、青、紫、黑等颜色釉,故宫珍藏的清康熙时期的郎窑红釉琵琶尊(如图43),器高36.6厘米。造型呈现出尊状,撇口束颈,通体施郎窑红釉,釉层较厚且有垂流,因此烧成后的器物口沿呈白色,依次向下渐变,足底处釉色浓重。红釉的烧造十分考验技术,成品率低,精品更是一器难求。此件器物融合了颜色釉技术、造型技术、烧造技术等造物因子于一体,十分珍贵。

图43　清康熙郎窑红釉琵琶尊

二、匠气共竞的工艺造物时代

清代陶瓷造物工艺不仅仅在景德镇获得大发展,在其他一些产瓷区也获得不同程度发展。陕西民间色彩的青花瓷、山东博山产的黑瓷、湖南醴陵产的釉下彩都是代表。清代德化窑生产的白瓷非常有名,故宫珍藏的清代德化窑白釉暗花胆式瓶,器高 33.7 厘米。此器通体施白釉,釉面光亮莹润,器型细长,腹鼓,小口,圆足。此件器物融合了造型工艺、白釉工艺、刻花工艺等造物因子于一体,精巧雅致。

伴随着文人雅士对紫砂陶的喜爱,清代宜兴紫砂壶兴盛起来,陶艺大师辈出。紫砂壶造型简洁大方,十分考验工艺大师的手艺水平。故宫珍藏的清乾隆时期的宜兴窑紫砂瓜棱执壶(如图44),器高 11.2 厘米。此件器物运用瓜瓣进行器型设计,通体施紫砂料,工艺把握尺度十分讲究,有皇家用器之风范。

图44　清乾隆宜兴窑紫砂胎绿地粉彩描金瓜棱执壶

清代染织工艺同样精致无比,清政府在江南地区专门设置制造局进行管理,在官营工场中,分工细致、工艺精湛。以丝织业中的织花纹样为例,品类繁多,如表3①所示:

---

① 田自秉.中国工艺美术史[M].上海:东方出版中心,2010:230 - 231.

表3

贡货花样	天子万年、龙凤仙根、天平富贵、四季丰登、江山万代、如意连云、万寿无疆、八仙祝寿、八结龙云、双凤朝阳、二龙二则、万胜锦、子孙龙、大云龙、潮水龙等
官服花样	挂印封侯、一品当朝、二则龙光、万民安乐、五福捧寿、仙鹤蟠桃、喜庆大来、雨顺风调、万寿如意、梅兰竹菊、忠孝友悌、百代流芳、高升图、喜相逢、奎龙图、圭文锦等
吏服花样	三友会、八吉祥、水八宝、金鱼节、枝子梅、奎龙光、走兽图、旱八结、万里云、花卉云、佛龙图、秀丽美、长胜风、窝兰、伞八宝、羽毛经等
时新花样	五子夺魁、福寿三多、欢天喜地、富贵白头、花卉草虫、富贵根苗、大博古图、羽毛麟介、樵松长春、四则龙、闻喜庄、大八宝、大菊花、大河图、锦文等
农服花样	喜庆长春、金钱钵古、福寿绵绵、子孙福寿、六合同春、瓜瓞绵绵、串菊枝菊、水八仙、巧云鹤、暗八仙等
商服花样	年年发财、万字不断头、顺风得云、利有余庆、四季纯红、如意图、百子图、小龙儿、五福寿等
僧道服式花样	藏经字谱、陀罗经、其花在甲、九子莲花、八结祥、舍利子、串枝莲、莲台上宝、金寿喜图等

通过这些织花纹饰的品类就可以看出，清代织造工艺水准达到了顶峰，工匠手艺十分高超。这些高超工艺在匠人手中熠熠生辉，也表现在了刺绣工艺中，比如苏绣、湘绣、粤绣、蜀绣、京绣。清代道光时期的丁佩在《绣谱》中描述刺绣工艺包括了"齐、光、直、匀、薄、顺、密"等特点，创造了"能、巧、妙、神"的美学原则。

清代金属工艺也十分出色，景泰蓝是其中一个代表，其做工进步大，在色彩上创新了粉红、黑色等，有"圆润坚实、金光灿烂"的造物功底。清代画珐琅是金属工艺的另外一个代表，它实际上是铜胎画珐琅，即在涂好的珐琅上画花纹，这种工艺造型涉及杯、碗、盘、瓶等，色彩涉及粉红、杏黄、浅绿、黑、白等。清代金属工艺还有铁画，经过剪花、锻打、焊接、败荷、退火、烘漆等工艺后，用低碳钢为材料进行绘画工艺，用黑白相互衬托，创造了独特韵味的工艺品，时人评价说"百炼化为绕指柔，直教六法归洪炉"。凡此三种代表工艺品类,足见清代金属工艺制造的水平之高、技艺之精良。

同样具有超高技艺的工艺品是漆器,比较有代表性的漆器工艺有北京雕漆、扬州螺钿、福州脱胎。北京雕漆材质突破了木料限制,扩展至瓷、紫砂、皮料。扬州螺钿制造精良,悉臻妍巧。福州脱胎色泽华美、器型玲珑,运用夹纻技法进行塑造。

清代雕塑工艺百花齐放,玉雕、石雕、竹雕、牙雕、犀角雕、胡桃雕等层出不穷。清代玉雕代表作是故宫博物院珍藏的两件玉雕精品,一个是大禹治水图玉山(如图45),此器是宫廷用器,为扬州工匠所雕刻,玉料是和田青玉。玉山高 224 厘米,玉上雕刻了绵延起伏的山脉、奔腾不息的河流、神秘莫测的洞穴、遒劲挺拔的古木苍松、成群结队的开山治水人等,这是一个极考验工匠能力的玉雕作品,后人评价其为"雕琢最精、用料最宏、

图45　清乾隆大禹治水图玉山

器型最巨、气魄最大"的玉材质工艺品。据载,此玉雕前后花费十余年才制成,用掉的银子有万余,可谓费时费材。另一个是白玉错金嵌宝石碗,此碗由苏州琢玉匠人所雕刻,使用了琢玉工艺和错金镶嵌工艺,玉质莹白,器壁薄,饰双桃型耳;用金片镶嵌而成的枝叶,用108颗红宝石镶嵌而成的花朵,跃然碗外腹壁之上,碗内还有乾隆帝的诗一首。此玉器融合了"痕都斯坦"制玉工艺、镶宝石技法、琢玉工艺等造物因子于一体,塑造了精美绝伦的工艺品。

第二节　以园林为载体彰显国威的"中体西用"造物观

清代中前期,世界格局正在悄然发生变化,航海技术、工业革命、现代武器、思想进步等正在欧洲勃兴。古老的东方文明与革新的西方文明在清中前期交汇在一起,中西文明的碰撞与融合在一定范围内表现出来。西方文明在中国的传播首先得益于传播西方宗教的传教士,传教士不仅传播宗教还传播西学。在医学上,欧洲解剖学、医药学等不同于中医学特征的新医学思维和药品在清代获得认可,法国传教士洪若翰用奎宁治好了康熙帝的疟疾,传教士罗德先则医治好了康熙帝的另一个病痛心悸症。在现代兵器上,西方新式武器,比如红夷大炮,在战场上发挥出巨大威力,比利时人南怀仁和德国人汤若望还专门翻译了制造火炮等新式武器的技术专著《神威图说》《火攻挈要》。在地理学方面,西方地图学对中国影响巨大,利玛窦绘制的《坤舆万国全图》等在中国流传甚广;康熙年间,西方学者白晋、雷孝思、梁尚贤、费隐、麦大成等人和中国学者何国栋等人一起绘制了《皇舆全览图》。在数学、天文历法、动力机械、语言、绘画、音乐方面也都有西方传教士、学者的身影,西方文化在中国传播成为清代社会的一个重要特征,这在建筑领域中表现得尤为突出。在园林景观等大型建筑物中,中西文化的融合与互鉴凸显出来,逐渐形成了"中体西用"的造物观。

一、集聚世界风格与中国理念于一体的皇家园林

清代园林建筑有很大发展,这得益于清中前期三位有作为的皇帝和西方建筑元素的吸收。清代皇宫是在明代基础上修缮扩建而来,康雍乾三帝时期,国家财力日盛,皇帝们热衷于建造离宫别苑,这就是皇家园林。这时期,涌现出了承德避暑山庄、扬州行宫、圆明园、畅春园、清漪园等知名皇家园林典范。"它们荟萃了中国风景或园林的全部形式,是中国封建社会后期皇家造园艺术的精华。"①可以讲,自宋代以来,没有哪个朝代能达到清代皇家园林的规模,这些园林建筑风格和建造理念主体是中华文化,但是也广泛吸收了世界各地建造风格,特别是欧洲建筑风格,其中最出名的就是圆明园。

圆明园位于北京西郊,它原本是雍正帝的一座赐园。1707年康熙帝修建,后赐给皇四子胤禛,并取"圆而入神,明而普照"之意命名"圆明",康熙帝亲自题匾"圆明园"。雍正帝即位后,对圆明园进行了扩建,乾隆帝时期也对圆明园进行改扩建,新建两座附园——长春园和万春园。因此,圆明园实际上为三个园组成,又名"圆明三园"。圆明园存世150多年,占地面积广、建造规模宏大、建造技艺高超、文化元素丰富,被世人誉为"一切造园艺术的典范"。当欧洲传教士把圆明园介绍到西方社会后,立即在欧洲引起轰动,雨果称赞其为"理想与艺术的典范"。圆明园作为清代最出色的一座大型皇家园林,继承和发展了中华传统优秀造园技术,吸收和融入了西方建筑风格,既有宫廷建筑的宏伟浩瀚,又有江南园林的婉约多姿,既有中华建筑的文化精神,又有欧洲园林的经典风范,能够把各种风格园林融为一体而不产生违和感,真可谓"虽由人作,宛自天开"。

圆明园建造思路以中国传统优秀文化为主体,处处彰显中国味道。中国封建社会以农耕文明为基础,在手工业文明中创造了"手工辉煌",也创造了农耕文明中的"文化精神"。因此在建造圆明园时,彰显这些特质的元素被广泛使用,比如金碧辉煌的宫殿,是凸显权力中心和至高建造技

---

① 史仲文,胡晓林. 中国全史:艺术卷[M]. 北京:中国书籍出版社,2011:982.

术的集中代表,宫殿的宏大与奢华只有皇帝才能享有,建造宫殿所耗费的巨资、聚合能工巧匠的号召力也只有皇帝才有;再比如婉约多姿的园林,很多园林景观是仿照江南地区知名景观建造的,有的仿照苏州园林,有的仿照西湖盛景,有的仿照古代诗情画意之作,呈现了一幅幅玲珑剔透的楼阁亭台和波光粼粼的水乡景色巧妙融合的完美画面;又比如写意民间的烟火气,用自然风光打造出的象征田园风光的乡村野趣,时时刻刻勾起皇家贵族们的乡愁;园内还建起了象征热闹街市的"买卖街",把都市生活的繁华与热闹搬进园区……圆明园特别钟情于"因水成趣",在园区 350 公顷的面积内就有超过 140 公顷是水面。取材于《禹贡》中提出的"九州象征天下",而在后湖建造了九个小岛,以对应九州之说。九个小岛各有风景,有的是仿照洞庭湖的"一碧万顷",有的是仿照杭州玉泉观鱼的"锦鲤数千尾",有的景观冬暖夏凉,有的景观水木明瑟,圆明园把水做到了极致。据统计,圆明园有 100 多处园林风景建筑群,其中最著名的圆明园四十景,被绘制成图,供世人观览。这些景观建筑群融合了轩榭、楼阁、房舫、殿堂、厅桥、廊庑、亭台、寺庙、墙塔、斋馆、村居、街市等大型园林建设的经典元素于一体,在造型上融合了六角、八角、矩形、工字、凹凸、圆形、方形等常见形状和卍字形、书卷形、三角形、眉月形、田字形、梅花形、套环等奇特新颖形状,让整个园子在布局和式样上丰富无比。

圆明园还巧妙地吸收了欧洲建筑技术和风格(如图46),丰富了圆明园园林建筑群特色,使之有"世界园林"之美誉。清代坚持以传统文化为主体,以西方优秀文化为补充,塑造了"中体西用"的造物典范。"圆明园四十景"之一的"水木明瑟",主体是仿照扬州水竹居建筑特色,其奇特地方是在室内用欧洲水力机构驱动风扇,是最早吸取西洋技法进行水声造景的典范。乾隆时期开始扩建出一处专门的西洋楼区,由当时的传教士郎世宁等人监造。西洋楼最大的宫殿是海晏堂,建筑总体造物风格以欧洲建筑为模板,在阶前的大型水池中建有"水力钟",本来要模仿欧洲裸体女人像,因与中国伦理认知有冲突,而改为十二生肖铜像。西洋楼区的观水法中,在安放皇帝宝座的台基前有巴克鲁门,极具欧洲风格。西洋楼区的线法墙,墙上悬挂着油画布景,烘托出了西洋市街楼房之景。纵观整个西洋楼区,内部建造的园林景观极具意大利巴洛克风格,部分进行了中国化变革,是中西合璧的产物。

图46　圆明园的欧式风格

二、巧夺天工的私家园林塑造了清人造物精神世界

清代的私家园林,主要分布在京师和江南地区,其造园技艺堪称精妙绝伦、巧夺天工,引得清王室建造皇家园林时都极力仿照。这些私家园林多为达官贵族、富商大贾、地主豪绅所建造,财力、权力、地位、身份、精神追求、人文境界等集合在一起,塑造了各具特色的私家园林。这些私家园林可以窥见清代时期上流社会文人雅士的造物精神世界,雅与奢、巧与豪、精与利融合在一起,用物质表达精神,用造物追求志趣,用景观塑造品性。与其说私家园林是建筑艺术的景观呈现,不如说是清人的造物精神世界表达。

位于北京什刹海的恭王府萃锦园(如图47),是达官贵族的私家园林代表,其主人是咸丰帝的弟弟恭亲王奕䜣。园内入口正对着一块"飞来石",讲究的是风水学。园林以中轴线为主,采取院落式,层层深入,结构严谨,塑造出的梯次进院落格局与亲王的身份相符合。在追求位高权重的等级感的同时,园中加入了湖石假山、厅堂楼宇、翠竹花草、戏台敞厅等元素,让整个园林增添了文人雅士的清高,而华丽鲜艳的色彩装饰加上雄浑宽广的建筑群,又极具北方特色。

图47 清恭王府萃锦园

在北京弓弦胡同内有个半亩园,是顺治年间兵部尚书贾汉复的私人宅园。据载,半亩园由当时著名的文人造园家李渔策划,整个园林分为南、北两个园区,南区以水池为中心,修建了岛屿、玲珑池馆、平桥、假山、书斋、观景台;北区是正厅云荫堂。整个园林带有北方特色,有一种幽深雄伟之气,体现了侯爵贵族的理想与追求。

清代江南地区的私家园林十分出名,在自然天成的江南烟雨世界里,植物葱绿、空气湿润,自然景观通过巧妙的设计能够达到理想效果。苏州网师园(如图48)是清乾隆年间宋宗元在宋代故址"渔隐"之上重建的。网师园以水池为中心进行布景设计,共有四进,建造了殿春簃、丛桂轩、琴室、太湖石、假山、撷秀楼、五峰书屋、万卷堂、月到风来亭等。网师园虽小,但是将池水的使用发挥到极致,亭台楼榭都依水而建,整个布局紧凑,处处皆景,设计精巧。穿行于网师园,能够感受到文人雅士对于精致美景、琴瑟琵琶、书画墨宝等高雅精致生活的追求与塑造。

图 48　苏州网师园

　　南京的随园,因是曹雪芹祖上的林园,而被认为是《红楼梦》大观园的原型,它最早建于康熙年间,为曹寅所建。在乾隆年间,袁枚成为新主人,更名为随园。随园建筑风格十分精致,绿竹成荫、曲径通幽、回廊亭榭、花鸟树石、楼台竹树等园林景观巧妙融合在一起,足见建筑者对生活品质的高要求和精神境界。

中国传统造物观

参 考 文 献

[1]朱熹.四书章句集注[M].北京:中华书局,1983.

[2]王阳明.传习录[M].于自力,孔薇,杨骅骁,注译.郑州:中州古籍出版社,2008.

[3]田自秉.中国工艺美术史[M].上海:东方出版中心,2010.

[4]张光直.考古学专题六讲[M].北京:文物出版社,1986.

[5]孔颖达.周易正义[M].北京:中华书局,1987.

[6]阮元.十三经注疏[M].北京:中华书局,1987.

[7]王世舜,王翠叶.尚书[M].北京:中华书局,2012.

[8]左丘明.左传[M].长沙:岳麓书社,2001.

[9]陈梦雷.周易浅述[M].上海:上海古籍出版社,1983.

[10]裴文中.中国石器时代的文化[M].北京:中国青年出版社,1954.

[11]郭沫若.青铜时代[M].北京:科学出版社,1957.

[12]闻人军.考工记导读[M].成都:巴蜀书社,1988.

[13]陈万里.中国青瓷史略[M].上海:上海人民出版社,1962.

[14]容庚.商周彝器通考[M].上海:上海人民出版社,2008.

[15]蒋廷瑜.铜鼓史话[M].北京:文物出版社,1982.

[16]郑师渠.中国文化通史[M].北京:北京师范大学出版社,2009.

[17]方韬.山海经[M].北京:中华书局,2009.

[18]张国华,左玉河.图说中国文化:器物卷[M].长春:吉林人民出版社,2007.

[19]樊浩.中国伦理精神的历史建构[M].南京:江苏人民出版社,1992.

[20]史仲文,胡晓林.中国全史:艺术卷[M].北京:中国书籍出版社,

2011.

　　[21]司马迁.史记[M].长沙:岳麓书社,2001.

　　[22]谢和耐.中国社会史[M].黄建华,黄迅余,译.北京:人民出版社,2010.

　　[23]弗雷泽.金枝:巫术与宗教之研究[M].徐育新,汪培基,张泽石,译.北京:中国民间文艺出版社,1987.

　　[24]陈来.古代宗教与伦理:儒家思想的根源[M].北京:生活·读书·新知三联书店,2017.

　　[25]张光直.美术、神话与祭祀[M].郭净,译.北京:生活·读书·新知三联书店,2013.

　　[26]秋浦.萨满教研究[M].上海:上海人民出版社,1985.

　　[27]宋镇豪.夏商社会生活史[M].北京:中国社会科学出版社,1994.

　　[28]黄展岳.中国古代的人牲人殉[M].北京:文物出版社,1990.

　　[29]巫鸿,郑岩,王睿.礼仪中的美术:巫鸿中国古代美术史文编[M].郑岩,译.北京:生活·读书·新知三联书店,2005.

　　[30]杨向奎.中国古代社会与古代思想研究[M].上海:上海人民出版社,1962.

　　[31]王国维等.国史四十四讲[M].北京:北京理工大学出版社,2013.

　　[32]许倬云.西周史[M].北京:生活·读书·新知三联书店,2012.

　　[33]赵光贤.周代社会辨析[M].北京:人民出版社,1980.

　　[34]周若兰,陈霆.中国美术史图说[M].北京:中国建筑工业出版社,2006.

　　[35]苏立文.中国艺术史[M].徐坚,译.上海:上海人民出版社,2014.

　　[36]朱绍侯,张海彭,齐涛.中国古代史:上册[M].福州:福建人民出版社,2004.

　　[37]山东省胶南市《琅琊台志》编纂委员会.琅琊台志[M].济南:齐

鲁书社,1997.

[38]邓云特.中国救荒史[M].上海:上海书店,1984.

[39]中国国家博物馆.文物里的古代中国(中册):秦至五代时期[M].北京:中国社会科学出版社,2010.

[40]吴宗国.唐代文化发展的三个高潮[M]//郑学檬,冷敏述.唐文化研究论文集.上海:上海人民出版社,1994.

[41]孙机.中国古代物质文化[M].北京:中华书局,2014.

[42]威尔斯.世界简史[M].余守斌,译.北京:新世界出版社,2013.

[43]ARISTOTLE(330 B.C.).Nicomachean ethics(Crisp R)[M].Cambridge,Eng:Cambridge University Press,2000.

后　记

　　《周易》云："形而上者谓之道,形而下者谓之器。"文化不是浮于表面的空中楼阁,相反,它化育了诸多现实之器。2017年初,中共中央办公厅、国务院办公厅联合印发《关于实施中华优秀传统文化传承发展工程的意见》强调:"文化自信是更基本、更深层、更持久的力量。"讲好中国故事、保护传承文化遗产(包括文物保护与修复、文化名镇名村保护、传统建筑保护、中华老字号保护、器物文化保护等)、传播好中国声音、阐释好中国特色、展示好中国形象,这就更加突出传统器物与造物文化的重要性。中国传统造物观的系统梳理有利于从学理和实证上为讲清楚"中国故事"和讲精彩"中国故事"提供支撑。

　　《中国传统造物观》沿着"形而下"的道路来解读中华优秀传统文化宝库,以器物为研究对象来诠释传统造物哲学。这是一次理论研究尝试,在研究中,运用了哲学、艺术学、文化学、社会学、历史学等学科的研究方法,总体上属于中国哲学范畴。在研究不断推进中,笔者越来越感觉上层政治文明对社会造物观的左右和影响力是非常重要的,越到后期越感受到来自民间力量和市井文化的影响力。在造物哲学上,儒家文化正统和道佛文化辅助起到重要作用,民间谶纬、宗教信仰中的伦理观照和哲学思考也起到一定作用。因此在中国传统造物观的梳理中,各种造物因素都参与其中,又相互较量,产生了不同时代的造物观特质。这些都给研究带来总结困境和取舍困顿,也让本书写作合理性受到挑战。

　　本书写作过程中,在具体案例的深度挖掘上不足,在文化思想的哲学分析上不深,这都是制约本书精彩度的重要因素。本书是一次研究创新,还存在值得商榷的地方,还请同行专家予以批评指正。希望本书能起到抛砖引玉的作用,让更多的学者从哲学维度关注中国传统造物。

董明利

2021年6月于景德镇市新厂

中国传统造物观